ZHENGMIAN GUANJIAO

蜀倩 / 著

正面管教

天津出版传媒集团

天津科学技术出版社

图书在版编目（CIP）数据

正面管教 / 蜀倩著. -- 天津：天津科学技术出版社, 2020.4（2020.6 重印）
ISBN 978-7-5576-7530-1

Ⅰ.①正… Ⅱ.①蜀… Ⅲ.①家庭教育 Ⅳ.① G78

中国版本图书馆 CIP 数据核字（2020）第 046404 号

正面管教
ZHENGMIAN GUANJIAO

策 划 人：	杨　禳
责任编辑：	刘丽燕
责任印制：	兰　毅
出　　版：	天津出版传媒集团 天津科学技术出版社
地　　址：	天津市西康路 35 号
邮　　编：	300051
电　　话：	（022）23332490
网　　址：	www.tjkjcbs.com.cn
发　　行：	新华书店经销
印　　刷：	北京一鑫印务有限责任公司

开本 880×1 230　1/32　印张 8　字数 180 000
2020 年 6 月第 1 版第 2 次印刷
定价：38.00 元

前言

一块石头，在建筑工人的眼里，它只是一块普通的石头；在雕刻家的眼里，它可能是一件古代英雄的石像。石头好比是孩子，如果你使用的工具是铁锤，那么你打造出来的只能是粗糙的碎石；如果你使用的工具是刻刀，那么你雕琢出来的就是精美的艺术品。

生养孩子不像买东西，不管是不是"次品"，你都无法"退货"，只能想尽一切办法精心雕琢，将"次品"转化为"合格品"，将"合格品"转化为"上品"。

当孩子在商店发脾气、不肯吃早饭、咬其他孩子、晚上不愿上床睡觉，或早上拒绝起床时，父母们是不是都感到棘手？是不是都希望用效果更好的方法解决这类养育问题？

孩子的行为，就像冰山位于水面以上的部分，是我们能看到的，而隐藏在水面以下的大得多的部分则代表着行为背后的信念，以及孩子对于归属感和价值感的深层需要。遗憾的是，大多数养育方式只处理行为，正如家庭和学校里采用的大多数管教方式都是以惩罚和奖励为基础的。当孩子出现父母所说的行为不当时，通常是源于对如何获得归属感有一种错误的信念。这时候，大多数父母会以责备、羞辱或体罚来回应这种行为，但这些除了证实孩子所自认为的没有归属感，并无其他作用。

事实上，有些"不良行为"正是大人的行为导致的。例如，当父母和老师发号施令时，就会有不少孩子产生逆反心理；但同样是这些孩子，如果大人换种做法，他们就会非常愿意合作。比如让孩子们在家庭会议或班会上参与解决问题，或者帮助这些孩子养成好的日常习惯，然后问他们"咱们达成一致的是什么"或者"你现在该做什么了"。

与传统教育方式相比，正面管教既处理行为，也处理行为背后的信念。正面管教提倡满足孩子对于归属感和价值感的基本需要，教给他们一些以对社会有益的方式获得归属感和价值感的技能。它是一种理解和鼓励模式，由于一个行为不当的孩子其实也是一个丧失信心的孩子，所以孩子需要理解和鼓励，就像植物需要水一样。

正面管教是一种不惩罚、不娇纵的管教孩子的方式，是为了培养孩子的自律、责任感、合作能力以及自己解决问题的能力，让他们学会受益终生的人生技能和社会技能，并取得良好的学业成绩。

本书结合现代教育中先进的教子理念，改变了传统的说教、批评、打骂等种种不当的教育方式，用最常见、最真实的生活小故事为父母指明了家教方向，以规避在家庭教育中常犯的管教错误，根据实际情况做出正向引导，构建良性的亲子关系。

目录

第一章
DIYIZHANG
尊重是爱的基础

尊重是爱的真谛 /2

缺少了尊重，无法读懂孩子 /5

家庭事务，孩子也有发表意见权 /7

批评也要顾及孩子的面子 /10

给孩子安全感是最起码的尊重 /14

尊重孩子的个性差异 /17

尊重孩子，别扮"监工" /20

父母不必在孩子面前充当权威 /22

第二章
倾听孩子内心深处的需求

孩子需要自主的空间 /28
给孩子自主发展的空间 /31
给孩子独立的心灵空间 /34
给孩子充分的玩耍时间 /38
给孩子适当的交友空间 /41
让孩子适度面对生活的风雨 /45

第三章
做善于夸奖的父母

不必强求孩子成为最优秀的 /50
站在孩子的立场上看问题 /54
挖掘孩子的特质 /59

好父母总能发现孩子的闪光点 /65

在比较中发现孩子的进步 /67

发自内心地予以夸奖 /70

夸奖孩子一定要及时 /73

夸奖孩子的每一个微小的进步 /77

用小目标鼓舞孩子 /80

第四章
DISIZHANG

对孩子的优秀品质真心赞赏

欣赏孩子的天赋 /84

赞赏孩子的玩耍能力 /87

赏识孩子的自我管理能力 /91

赞赏孩子的冒险精神 /93

赏识孩子的兴趣爱好 /97

赞赏孩子的人际交往能力 /101

赏识孩子的好奇心 /103

欣赏孩子的善良和有爱心 /108

赞赏孩子的自我表现欲 /111

DIWUZHANG
第五章
世上没有坏孩子

让叛逆的孩子走向从容 /116

让说谎的孩子走向诚实 /119

让胆小的孩子学会勇敢 /121

让任性的孩子懂得合作 /126

让依赖父母的孩子学会自强 /129

让自卑的孩子走向自信 /133

让悲观的孩子变得乐观 /137

让自负的孩子懂得谦虚 /142

让冷漠的孩子变得有情 /145

让脆弱的孩子变得坚强 /151

笨拙的孩子会变得心灵手巧 /155

害羞的孩子会变得落落大方 /158

嫉妒心强的孩子会走向豁达 /162

第六章
赏识教育的理想结果

让孩子自觉观察 /166

让孩子乐于记忆 /169

让孩子欣然关注 /172

让孩子勤于思考 /176

让孩子倾心想象 /180

让孩子热爱学习 /183

让孩子果断决定 /188

让孩子主动表达 /193

让孩子自己解决问题 /196

让孩子主动承担责任 /199

第七章
DIQIZHANG

他们都是被夸出来的天才

"物理学之父"——牛顿 /204

"进化论之父"——达尔文 /211

"发明大王"——爱迪生 /216

伟大的革命家——列宁 /222

20世纪最伟大的科学家——爱因斯坦 /224

全世界的榜样——海伦·凯勒 /232

绘画艺术大师——毕加索 /235

震惊世界的中国女孩——周婷婷 /240

第一章

DIYIZHANG

尊重是爱的基础

尊重是爱的真谛

中国科学院心理学研究所博士生导师张梅玲说:"没有爱就没有教育,没有尊重就谈不到爱。"尊重孩子是爱孩子的一个具体表现,也是爱孩子的真正内涵。

离开了尊重的爱,是一种不全面的爱,甚至可以说是一种畸形的爱,它会影响孩子正常心智的发展,难以使孩子形成健康的人格。

一位母亲曾哭诉了她孩子的故事:本来是一个幸福美满的三口之家,父亲是高工,母亲是主任医师,儿子聪明伶俐。父亲对儿子寄予很高期望,要求严格,每次考试必须是前三名。一旦考试低于前三名,就要受到父亲的打骂。由此导致孩子除了学习成绩还不错之外,心理极其压抑,甚至自闭,综合素质很差。

最终,孩子总算不负父望,考上了大学,父亲扬扬得意,颇为自己教子成功而沾沾自喜。可不幸正在暗中酝酿,孩子在大二时突然患了精神分裂症,拿刀要砍他的父亲。在孩子的日记里就明白地写着:我恨父亲!父亲终因无法承受如此严重的打击,中风瘫痪了,一个原本幸福之家被错误的教育理念给毁了。

父母好心,孩子无辜,为什么却造成了这样的家庭悲剧?这就需要我们做父母的反省自己——教育孩子一定要尊重孩子,顺应孩子的天性,没有尊重,变质的爱只会收获苦果。

现实中有一些孩子确实就是被父母逼着走向成功的,但有关专家指出,这种教育方法是很危险的,主要表现在以下两个方面:

其一,做父母的,假如只是一个劲地要求孩子达到他们为孩子确定的目标,而不研究孩子成长的环境,不了解目标是否顺应了孩子的兴趣、爱好、天赋,那么即使孩子按照父母的意愿取得了所谓的成功,却可能因此影响了孩子本可以取得的另一种更大的成功,或者这种已经取得的成功只能是一种暂时的表面现象,缺乏持久性。

其二,被父母逼着走向成功的孩子,由于未顺应孩子的天赋和爱好,必然会影响其独立人格的发展,即使孩子取得了成功,也存在着一种很大的缺陷,致使心智的发展受到影响而不健全。

因此,逼着孩子成功的教育方法并不好,尤其是对那些独立性较强的孩子来说,这种教育方法存在着产生反抗心理的危险,而这种被压抑太久的反抗心理一旦爆发,后果一般相对严重。

正如专家所说:"在双方欠缺尊重和沟通的情况下,只一味施压,其结局,不是使孩子产生强烈的逆反心理,导致人间至亲至爱的亲子关系成为互相残害的双方,就是使父母的期望被子女片面理解,无限放大,当子女无法承受时,便会导致心理崩溃,走向自绝。"

这种观点也完全符合心理学家马斯洛所说的理论，他在"自我实现论"中强调，自我实现者的成就与童年情感等因素的发展关系很密切。童年情感的正常发展如遇到障碍，失去爱、安全感和尊重，长大后他就很难向自我实现的方向发展。这一点是家长必须深刻认识和反思的。

当然，教育孩子与严格要求是分不开的，但这种严格必须以给予尊重为前提，以不妨碍孩子的性格健全发展为标准。严格要求是爱的合理内核，而尊重则是爱的真谛。在家庭教育中强调这一原则有它特殊的意义。

没有尊重就没有爱，没有爱就没有教育，没有教育就谈不上孩子的成长与发展！多年来，我们的教育似乎铸就了这样一个不争的事实：我是家长（老师），是权威的化身，是权力的实施者。而尊重教育则要求家长和教师必须明白一个道理，即体罚代替不了教育，更无法建立威信。相反，尊重则是对一个完整生命的理解和认同，更是对学校、家庭和社会的积极负责。只有把孩子视为和自己一样处在同一条水平线的两个生命个体，才能建立新型的亲子关系或师生关系。

正确的爱应该是有理智、有原则的爱。正确的爱有益于孩子的身心健康，而畸形的爱不利于孩子的成长。心态是西瓜，成绩是芝麻，拥有良好的心态是根本，学习成绩只是附加产品。父母不要过分操心孩子的学习，而是要培养热爱生命、积极生活的孩子。孩子成长是立体的，各方面都均衡发展的孩子才是优秀的孩子。

我们可以像训练动物一样训练孩子,强迫他达到我们的要求,但是,缺乏人道关怀的训练,是人性的扭曲,不是教育。用尊重孩子的态度进行教育,虽然不像以命令的方式进行教育那样简捷便当,但对孩子的生活、学习乃至一生的影响是不可估量的。

缺少了尊重,无法读懂孩子

尊重和信任是沟通情感的桥梁。谁尊重孩子,孩子就尊重他。只有尊重孩子的人,他才有教育孩子的资格。无论是怎样的孩子,只要尊重他们,就能与他们畅通无阻地进行沟通与交流。

有位家长常常被自己与儿子间的矛盾所困惑。有一次,她在教训儿子时,遭她儿子顶嘴,气得掉下了眼泪,儿子见到她那副伤心失望的样子,不但不让步,反而奚落她说——扮什么可怜相。这位家长一听马上不哭了,破门而出。这已不仅仅是伤心的问题,而是作为长辈应有的尊严为什么会遭受如此"不值钱"的践踏?

代沟问题一直是现实中令父母和孩子都深感头疼的问题。"我和父母几乎没什么话可说,他们问我最多的就是学习情况,我特烦问这个。"已经上了初二的赵亮说,"我喜欢和同学聊聊足球,可妈妈不懂,也不感兴趣。所以她说我整天只知道玩,也不讨论讨论学习。"现在赵亮说自己也没有兴趣和父母聊天,感觉没什么话好说的。

周蓝的儿子今年上高中了,"我平时很喜欢和儿子聊天,聊得最多的当然是学习。但现在感觉儿子越来越不愿意听,每次都敷衍了事,有时干脆什么都不说。"周蓝的儿子挺喜欢篮球的,说起篮球眉飞色舞。不过每到这个时候,周蓝就很生气地说:"一说学习你就烦,提起篮球你就来精神"。

两代人之间为什么会出现一条无法逾越的沟壑呢?这固然受时代观念的影响,但往往也是由于父母与孩子之间缺乏交流与沟通造成的。做父母的有自己的一套价值观念,孩子有孩子的一套价值观念,而且互相不了解,在此情况下,怎能不产生矛盾和冲突呢?因此要避免两代人产生代沟,最有效的方法,就是用尊重孩子架起沟通和理解的桥梁。

听一则故事,对你肯定有所启发:

草原上有个牧民,养了很多牛。有一头小牛很倔强,经常不听牧民的命令,想离群跑开就跑开,想跟着牛群进草场就进草场。牧民有时觉得他很可爱,有时也非常讨厌它,觉得它实在是一头倔强的小牛,打算等它再长大一点后,就把它卖掉。

有一天晚上,牧民放牧回来,小牛又在牛栏外倔强起来,无论牧民怎么用鞭子打它,它都一动不动,就是不走进牛栏。牧民本来就累了一天,遇到这种情况心情烦躁起来,一边用鞭子打着小牛,一边暗暗地下定了决心:如果它还是这么倔强,就只好把它杀掉。牧民已经对管理、放牧小牛失去了信心。这时,牧民的母亲从帐篷里走出来,看了看倔强的小牛,拦住了牧民的鞭子。

牧民的母亲走到小牛身边，轻轻地抚摸了它一下，把自己的一根手指放到小牛的嘴边。小牛以为是自己妈妈的乳头，就跟着那根手指一路往前走。牧民的母亲轻轻松松地往前走，小牛开开心心地跟着走，一路走进了牛栏。牧民不禁看傻了眼，简直不敢相信眼前发生的事情是真的。

其实，道理很简单，牧民只是站在自己的立场上想问题，觉得天黑了，自己又这么累，所以要尽快地把小牛赶进牛栏。他并没有想过小牛的感受，小牛只是饿了，它需要妈妈的乳汁。牧民的妈妈，站在小牛的立场上去想问题，所以，用一根手指就轻松地将小牛引进了牛栏。

这个故事给我们的启示就是，要尊重孩子，就必须站在孩子立场想问题，这样就等于搭建了一条通向孩子心灵的桥梁，就能够轻松地将孩子那看似封闭的心灵打开，达到有效沟通。

孩子是一本书，是本很厚很厚的书，从婴儿到儿童，从少年到青年，一天一页，一年一章。而书中的主角应该是孩子本人，作为称职的父母，必须读懂这本书。然而，缺少了尊重，你永远也不会读懂。

家庭事务，孩子也有发表意见权

"这件事爸爸妈妈想听听你的意见。孩子，这是个严重的问题，咱们商量一下看怎么解决好。"作为家长，在尊重孩子的自主权方面你是否这样做了。

孩子是家庭的重要一员。可是,许多父母在决定一些事情尤其是一些重要的事情时往往把孩子排斥在外。是的,生活中纯粹的大人之间的事没有必要不让孩子知道,可是还有很多事是完全应该让孩子也参与讨论的,尤其是涉及孩子的某项决定时。不要以为孩子小,什么也不懂。更不要以为孩子是你的,你就可以随便对他做出决定。

事实上,只要是家庭的成员,即使年龄小,总归是一个人,他有权知道关于自己以及家里的事情,有权参与家庭事件的讨论与决定。如此可以营造一种良好的家庭氛围,这样的氛围才有利于孩子的正常成长。

李刚和王海是两个男生,他们的父母失业了,两个家庭都陷入了困境。面对同样的境况,两个孩子的表现却截然不同。王海依旧没有改变穿耐克、乔丹等名牌,跟着时尚走的习惯,最近又迷上了网吧,并且达到废寝忘食的地步,更别说按时上课了。

"海儿是全家的希望,只要他读书好,将来有出息就行,没想到他连课都不上!"王海的父亲感到非常失望,"但我们还是觉得孩子应该拥有这个时代给予他们的快乐,再苦再累也不能让孩子觉得委屈,不能让他来承受父母因工作失败而带来的酸楚。所以,我们从不在孩子面前倾诉失业后的失落,更不会抱怨挣钱太辛苦和受到太多的委屈,照常满足他的吃穿要求和他想要的零花钱,没想到这孩子把我们对他的期望抛到了九霄云外。"

而李刚却和王海大有不同，虽然有时上学也常迟到，可是成绩却有进无退。

原来李刚的父母下岗后又另起创业，白天黑夜顾不了家，但思前想后，李刚的父母还是将实情告诉了孩子，与孩子商量商量应该怎么办。"有句古话不是说'穷人的孩子早当家'吗？我们生活困难，孩子是家庭成员，有义务做贡献，帮助家庭早日脱离困境。"

李刚的父亲是一个性格爽朗的人，提起儿子就乐呵呵的："与孩子商量后，孩子也很乐意，主动提出照顾好奶奶和搞好自己的学习。我们有时回家累了，他还会为我们捶捶背，按摩按摩。这孩子一岁多就会为我们添饭、拿拖鞋，我们就没不放心过，只是表扬鼓励他，并教他做力所能及的事，我们遇到什么困难也会与他商量，请他帮助想办法。我们常对孩子说的就是'我们都是家庭中的一员，要相亲相爱，尽职尽责'，儿子做到了，他关心每个家人，把奶奶也照顾得挺好，这可解决了我们家的大问题了。而且听说他现在学习也没耽误，真是让我们高兴，也太难为孩子了。"

由此，我们做父母的要时刻记得，孩子是家庭重要的一分子，许多事情，不要忘记弯下腰与他平等商量。一家人坐在一起商量某件事，大人和孩子各自的观点都被摆出来，做父母的把意见耐心地传递给孩子，让他思考判断，然后耐心地听取孩子的想法，把自己置于孩子的思维高度，总能找到每个问题最合适的答案。

当然，商量，不是父母发号施令，而是要使每个问题的解决都打上"民主"的印记。商量更不是迁就，而是父母与孩子对话、沟通、相互了解，形成双方可接受的意见或办法。

如果你还在抱怨孩子不理解你，老跟你作对，那么就先想想自己是否在理解和尊重了孩子的基础上与孩子商量了？

学会与孩子商量，可以从下面的小事开始：

你现在不想睡觉吗？明早你能够按时起床上学吗？

你又要这么多钱做什么？给一半可以吗？

旧文具盒扔掉买新的，可是这不在我们这个月的消费计划里，怎么办？

……

著名教育家魏书生写过一篇文章，叫《商量，商量，再商量》，这一点对于孩子是十分必要的。卡耐基不是也曾经这样说过吗：对待杀人犯，还该讲三分道理呢。与孩子商量，完全可行，做父母的赶快试试吧，一定会发生你意想不到的好效果。

批评也要顾及孩子的面子

爱面子，不仅大人如此，孩子也有面子，也同样爱面子。不少孩子对自己丢了面子感到"耻辱"，甚至比大人还要不能忍受。

例如，父母出于好心，当着小朋友的面提醒自己的孩子不要怎样怎样，这其实就让孩子感到很没面子。其中，最不好的是，当小朋友来找孩子出去一块玩时,母亲代替自己的孩子加以拒绝,说什么"我家孩子正在忙着做作业,一会儿再同你玩"。

也常有些父母因为孩子无意间犯下错误,或是偶尔提出无理要求,而在大庭广众之下对孩子严厉训斥,甚至责令孩子当场认错。孩子要么在倔强沉默中固执己见,要么在啼哭之余不情愿认错。

这里需要提醒各位父母的是,童年时期的教育会影响人的一生。教育孩子切莫忘了热爱、尊重和严格要求相结合的原则。要尊重孩子,就要尊重孩子的年龄特点、尊重孩子的认知水平、尊重孩子的心理发展需要。指责、批评、处罚孩子,无论何时何地,都别忘了注意方式、技巧和时机——给孩子留点面子。

郝纳的孩子航航9岁了,读小学三年级。小家伙长得逗人喜爱,只是过分安静,缺一点男孩子的活泼。航航在班上的成绩,属于中等偏上,时不时还拿个奖状回来。

可是,郝纳带着航航出门,每每遇到熟人夸奖航航,郝纳都会把航航数落一顿。郝纳不仅说航航学习不用功,拿不到第一名,平时不爱讲话,还骂航航长得像个丑八怪。其实,郝纳说的话,有些虽然接近事实,但是大部分都言过其实,有些完全和事实背道而驰。

很多家长因为害怕孩子听到了表扬后洋洋自得,于是就刻意在孩子同伴面前或外人面前数落孩子的不是。这种不顾场合地随意对孩子加以指责,甚至把一些莫须有的"罪名"强加在孩子身上的做法，不仅达不到控制孩子骄傲的作用，相反却会使孩子在同伴中抬不起头，没有地位，这样不仅达不到教育目的，反而大大刺伤了孩子的自尊心，激起孩子的憎恨、敌对和紧张情绪，促使孩子养成报复、自卑的不健康心理；有的甚至引发悲剧。

给孩子留面子，让他们自己总结经验教训，才是真正的关爱。教育博士简·内尔森说："说教、威胁和惩罚产生距离和敌意，而留面子的方法产生的是亲近与信任。"孩子赚够了面子，再面对家长的教育，便多了一份朋友般的亲近。只有一种朋友般的气氛，才是适合孩子成长的最佳家庭氛围。

当孩子犯错误时，父母的批评指责是有必要的。但如果一味地大声训斥，甚至体罚，结果收效甚微甚至会适得其反。心理学家指出，责备孩子也要讲究艺术性，用教育的方法效果会好得多，具体有以下几种切实可行的方式。

（1）给孩子讲道理。

给孩子讲道理是一件十分有意义的事。有时，孩子会在公共场合做出很不得体的事，这时千万不要羞辱孩子，而是采取恰当的措施阻止他。比如，你在朋友家做客，而你6岁的孩子却到床上乱蹦乱跳，这时你可以平静地告诉孩子停止蹦跳，实事求是地解释道理："你必须马上下来，以免弄坏了床或者你自己受伤。"如果孩子不听，你需要轻轻地，但是坚决地把他从床上抱下来，如果他大哭大闹，还是跳上床，就要缩短你做客的时间，立即把孩子带回家。

在讲道理的时候，家长要扮演好自己的角色，不要过于刻板和严厉，不要把自己置于孩子的对立面。遇事给孩子讲道理对培养孩子有一个平和的心态很有好处，在孩子长大后，他也会以讲道理的方式去处理问题。

给犯了错的孩子讲道理可以用暗示的方法。因为直接责备孩子，容易遭到孩子的抵制，你不妨讲点策略，用责备他人的相同过错来暗示孩子。那个"他人"最好是孩子所熟悉的故事、电视中的角色。孩子犯了错，如果家长能心平气和、借彼喻此地启发孩子，能使孩子很快明白你的用意，乐意接受批评和教育，而且保护了他的自尊心。

（2）实行冷处理。

冷处理也能达到责备的效果。孩子到了一定年龄阶段，就能够分辨简单的是非、善恶、真假、美丑，一旦做错了事，心里便会担心父母责骂，并等待你的责罚，如果正应了孩子的心里所想的，他反而有一种"如释重负"的感觉，对批评及过错也就不以为然了。相反，如果父母以沉默对待，严肃地凝视孩子一会儿，孩子反而会"不自在"起来，进而能反省自己的错误。

（3）责备要适时适度。

孩子有了缺点错误应及时给予责备。孩子时间观念一般都较差，刚犯的错一转眼就可能忘了。因此，家长责备孩子要趁热打铁，不可拖拉。研究发现，及时地责备能使孩子把过错和愧疚联系起来，加深对过错的记忆和认识。

给孩子安全感是最起码的尊重

心理学研究表明，孩子在很小的时候就会强烈地依恋父母，这种依恋是在婴儿与父母的相互交往和感情交流过程中形成的。孩子不仅要求父母满足他们的物质需要，更要求父母为他（她）的身体和心理安全提供最有效的保障。

可在现实中我们会经常听到诸如此类怒斥孩子的话：

"要是再不听话，就叫警察叔叔把你抓去。"

"还哭？再哭，让狼把你叼去。"

"再敢撒谎，我就撕烂你的嘴巴！"

……

生活中我们还会在不经意间看到这样的场面：

在路边，小孩子不听妈妈劝，拼命地哭。无论妈妈怎样说好话，或者给他什么东西，都不管用。最后，母亲实在不耐烦了，大声说："你还哭？再哭我就走了！"并做出要走的样子。孩子哭得更凶了。当孩子见妈妈扭头真的要走了的时候，孩子立即慌了神，赶紧追上去，边哭边喊："妈妈，不要扔下我，我不哭了……"

看了这样的场面，我们不得不反思这样的问题：作为母亲，当时的心情是可以理解的，但是难道我们非得这样对孩子不可吗？难道就没有其他更好的办法吗？

我们必须明白，父母是孩子最依赖的人。孩子从出生那天起，就对父母有一种特别的眷恋，特别有一种没有父母就不能生存的潜在不安感。心理学上管它叫"基础不安"。

不管孩子是否懂事，他的幼小的心灵里，都会经常有"爸爸妈妈不会不要我吧"这样的担忧。在这种潜在的不安心理下，如果你还时不时地对孩子说"你不听话妈妈就不要你了"之类的话，他的懵懂不安的心理就会加剧，从而心灵上也容易受到大人无法想象的打击。这种精神上的不安，很可能会导致孩子做出诸如自杀一类的极端举动。到那个时候，父母后悔也来不及了。

恐惧是儿童成长发展中普遍存在的一种体验。"某种恐惧感是一定年龄所特有的，每个孩子都经过这个感情发展的正常阶段。"美国加利福尼亚的儿童治疗医师伊莎贝尔·福克斯如是说。这种恐惧科学上分为两种，一种是自然的本能反应，即对于各种潜在危险的恐惧。另一种就是神经性的忧虑，即一个人在没有遇到危险的情况下产生的一种无端甚至没有任何理由的害怕，但在常人看来却是不足以引起恐惧的所谓的理由。而对于年龄很小的孩子来说，最容易产生的就是这种神经性的恐惧。

但是，成人总会委婉地表达恐惧，例如他们会说"我不喜欢成为第一个跳舞的""我不喜欢抽血"或"我更喜欢白天开车"等。由于孩子尤其是儿童不具有处理自己思想并解释自己想法的经验，所以成年人应该像尊重自己一样，尊重儿童的恐惧心理。不仅不能恐吓孩子，以免加深孩子的恐惧，还要以正确的方法教育他，使他不至于产生无谓的恐惧心理。

每个孩子都可能说不准什么时候就产生恐惧的心理，这属于正常现象。最重要的一点就是，父母对孩子恐惧这一现象要认真对待。

孩子不听话时，如果你对他说："你再不吃完早点，我就不要你了。"它产生的后果是许多家长始料未及的。毕竟他们还是孩子，他有时并不明白父母只是为了哄他而说出恐吓的话，并非真的不要他或不爱他。父母或者无心实则凶恶的一句话，孩子听到后的感觉可能是天昏地暗的，对孩子心灵的伤害你无法预料。

千万不要用医生、警察、老师及其他让孩子害怕的人去恐吓他。一个怕医生的孩子，生病的时候怎能跟医生合作？一个怕警察的孩子，即使他迷路或遇到其他情况，怎么敢去向警察求助？一个怕老师的孩子，怎么可能坦然安心地听老师讲课？

孩子的心里有不安的土壤，重则会萌发出许多的恐惧，并可能最终演绎为不幸；轻则无法集中精力学习，性格压抑。而这，就相当于毁掉了一个好好的孩子。如果你不想毁掉孩子，就不要对他（她）进行恐吓和威胁。

还有，假如你的孩子犯了再大的错，你都不能说："你给我滚出去！"因为，家是一个人最终的归宿，他再没有地方可去，除非坟墓。

有一个男孩，因考试成绩不好，不敢回家，浪迹街头，结果被坏人以招工为名骗到乡下一个"地下血库",和其他几个孩子天天被逼去抽血。

数日后,几个孩子面黄肌瘦,十分虚弱。幸好其中一个孩子逃出来,叫来了大人,才得救。出来时,几个孩子已奄奄一息。那些"滚"出去的孩子,许多人在心灵上、肉体上受到极大的伤害。而这些伤害,往往是难以补救的。

孩子需要教育,但更需要保护,包括身体的和心灵的。在他们犯错的时候,不要一味只想着怎么批评他,怎么惩罚他,而应该想想,这个时候,该怎么保护他。

除此之外,我们还要明白,在任何时候,家都是孩子温暖的港湾,尤其是他在外面受到委屈、挫折、伤害时,父母要为孩子努力营造一个能让孩子最放松、最放心、可以说出所有心里话,并且不会得到任何否定性评价的环境。

尊重孩子的个性差异

中国的教育往往强调让孩子遵循某些固定的规范,而忽视孩子的个性成长,"没有规矩不成方圆"这一俗语,就是此种教育观念的反应。而所谓的规范又是由老师、家长单方面制定的,许多时候它甚至成为压制孩子的一种工具。

小安已经是小学生了,可是小安一提动笔写字就会情绪低落,面无表情,心不在焉,每天老师留的作业都要哭闹之后勉强才能完成。

老师用了各种办法，小安也没什么大的改变。实在没辙，只好请来家长询问情况。这一问才知道一个大秘密：小安以前是个左撇子，在幼儿园的时候，被老师和家长硬扳过来了！由此，导致了前面所说的这种状况。

这听来就像古人所说的"邯郸学步"，因为一心想学别人走路的姿势，结果把自己原来走路的姿势也忘记了，最后只好爬着回家。

不明白这位老师和家长为什么要这样做，这不但是在跟孩子较劲，而且还在和大自然（孩子的基因）较劲，是非常不明智的做法。对于家长，教训则是：不要盲目与教师保持一致。不能把"配合老师工作"简单地理解成"老师怎么说，家长怎么做"。家长若发现老师的办法总是不能解决孩子的问题，最好去请教一下专家。那样至少可以减轻孩子的压力，孩子的问题或许比现在要轻一些。

因此，家长在教育孩子时，对上面所讲的事例一定要引以为戒，虽然你可能不会像上面所提到的老师和家长那么"傻"，但一定要注意尊重孩子的个性、习惯，不要跟孩子较劲。

自然界没有一条相同的河流，也没有一座相同的山峰，也没有一片相同的树叶，更不会有一个相同模样和相同性格的人。所以，我们做家长的有什么必要非得强求自己的孩子要像其他的孩子一样呢？

自从达尔文发现进化论以来，我们大家就知道优胜劣汰是自然界的法则。然而，在自然界还有一条比"优胜劣汰"更重要的法则，那就是"与众不同"。

想起了这样一则寓言故事：

在动物王国里，有一天动物们决定设立学校，教育下一代应对未来的挑战。校方制定的课程包括飞行、跑步、游泳及爬树等本领，并要求所有动物要掌握全部课程。

鸭子游泳技术一流，飞行课成绩也不错，可是跑步就无计可施。为了补救，只好课余加强练习，甚至放弃游泳课来练跑。到最后磨坏了脚掌，游泳成绩也变得一般。校方可以接受平庸的成绩，只有鸭子自己深感不值。

兔子在跑步课上名列前茅，可是对游泳一窍不通，可校方硬逼着兔子学游泳，导致兔子精神崩溃。

松鼠爬树最拿手，可是飞行课的老师一定要它自地面起飞，不准从树顶上降落，弄得它神经紧张，肌肉抽搐。最后爬树成绩得丙，跑步成绩更只有丁等。

老鹰是个问题儿童，必须严加管教。在爬树课上，它第一个到达树顶，可是坚持用最拿手的方式，不理会老师的要求。

到学期结束时，一条怪异的鳗鱼以高超的泳技，加上勉强能飞能跑能爬的成绩，反而获得平均最高分，还代表毕业班致辞。

另一方面，地鼠为抗议学校未把掘土打洞列为必修课，而集体抵制。它们先把子女交给獾做学徒，然后与土拨鼠合作另设学校。

逼着鸭子学跑步、逼着兔子学游泳，最后个个倒霉，鸭子搞得一事无成，兔子得了精神分裂症，都成了失败者。

著名教育家李维斯的这个寓言值得我们每一位家长深思。教育的成功之道就是要找到孩子的优势，充分地、淋漓尽致地发挥他们的优势，如此才可能成功。反之，放弃优势，舍长就短，那就会像动物学校里倒霉的鸭子和痛苦的兔子一样。

孩子的个性是千差万别的。他们的天赋、兴趣、爱好、潜力也是有差异的，尊重孩子的个性其实就是保护了孩子的未来。马克思曾说过："任何人类历史的第一前提无疑是有生命的个体的存在。"同样，任何教育的第一前提也是有生命的个人的存在，尊重每一个有生命的个体应是教育的第一要义。

只有尊重差异性，教育才有可能真正去关心人的过去、现在和未来发展的可能性，才有可能走进每个个体的心灵去完成唤醒的工作，才有可能实现不拘一格塑造人才的美好愿望。

尊重孩子，别扮"监工"

现在的孩子不缺吃不缺穿，但是他们却缺少一样最重要的东西——自由。他们没有选择的自由，没有交往的自由，没有玩耍的自由，没有尝试挫折的自由，即使有，也是受了很多限制的自由。他们的一举一动都在父母的监管中。

"我要当'监工'去了!"一到下午5点左右,李女士便匆匆忙忙往家里赶,因为这是儿子放学的时间,她得同步到家对孩子进行"监管"。而儿子刚上小学一年级的王女士,也想着要换成上早班,以便"同进同出"盯住儿子。这种"严防死守"的战略,如今正成为许多家长管教孩子的经验。

虽然专家都强调要和孩子交朋友,给孩子自由的空间,但是家长们还是觉得当"监工"最容易。这样可以让孩子时时刻刻离不开自己视线,按照特定行为规范行事,时时提醒和监督,稍有懈怠和不从就立即给予训诫,以让孩子按部就班地直奔目标。

也许这一手段很见效,很让父母们省心。孩子乖乖按照你的意思和"制度"行事。可是难道孩子是真的心甘情愿、心悦诚服了吗?那不过是他无力反驳和反抗而已。他在内心里仍然会坚持自己的想法,而且还多了一份对这种"霸道"的反感。

何况孩子天生就有一种逆反心理。他的独立意识让他在面临严厉批评,尤其是不公正的批评时,在心里暗暗地说"不",直至公开地作对。大人不让动的东西偏要动动看,大人不让做的事情偏要干一干。

"让孩子赢在起跑线上",这里面包含有多少成年人想当然、一厢情愿的成分?随着孩子的长大,成人对孩子更加不放心和不信任。于是一些父母偷听电话、偷看日记,甚至用私人侦探跟踪的办法来"监督"孩子的生活。

父母以"监工"身份来压服孩子，有一个非常不好的后果。父母可以用这种手段把孩子培养为"听话的孩子"，但听话的孩子就是傀儡，就是没思想没内容的机器。可以想象一个没有主见、没有判断能力，甚至唯唯诺诺的人，等他遇到了比自己更强的人，是不是会俯首称臣、任人摆布呢？

1900年，梁启超写下了激扬一代中国人的《少年中国说》，"少年富则国富，少年强则国强。"而今天，梁启超曾寄望的少年具有的进取、创新、盛气、豪迈、"常思将来""常觉一切事无不可为"的气质在青少年一代身上似乎还依稀可见，童年简单而平凡的快乐，人生的终极追求却已然难以寻觅。

这难道不是我们教育的失败、民族的悲剧吗？教育家们早就告诫过我们，只有身心快乐的孩子才会走向成功的顶点。老舍先生也提倡对待儿童必须有平等的态度，主张尊重儿童，像对待好朋友一样。希望普天下的父母都有这样的态度和胸怀，坚决避免像"监工"对待囚犯那样对孩子加以震慑和监管。只有如此，才能避免悲剧的发生。

父母不必在孩子面前充当权威

著名作家刘墉告诫为人父母者：父母不必在孩子面前扮演权威的角色，因为没有一个人是权威。照照镜子再来教育孩子，不要拿自己做不到的事情来要求孩子。

是的，孩子既不能受清规戒律的束缚，也不应受到权威的压抑。在权威压抑环境中成长的孩子，他们精神上就会产生种种缺陷，尤其是孩子的辨别能力就会萎缩。如果没有辨别能力，也就谈不上有独特见解和创新精神。为了培养孩子的辨别能力，使孩子的身心健康成长，我们决不能用不准反驳的权威去压抑他们，而应该耐心地顺着情理去疏导他们。

现实生活中，让孩子和父母一起平等地争辩讨论，仍然是很多当代父母难以接受的事情。他们总以为这样会降低自己作为父母的"权威身份"，如果在争辩中，让孩子看到自己知识上的不足，抓住了错误，会更加跌面子。

其实这种担心是不必要的，父母与孩子争辩是件有益的事。德国汉堡有位心理学家通过多年的实验观察后证实："两代人之间的争辩，对于下一代来说，是走向成人之路的重要一步。"心理学家认为："能够同父母进行争辩的孩子，在以后会比较自信、有创造力和合群。"

因此，孩子与父母争辩，不要怕丢了父母的面子，不要担心孩子不尊重你，与你为难。孩子也是讲道理的。你与孩子争辩，孩子觉得你讲正义、讲道理，他会打心眼里更加爱你，信赖你。你要孩子做的事，他通过争辩弄明白了，会心悦诚服地去做。你有难题，孩子参与争辩，也能启发你。这有什么不好呢？

对孩子来说，与父母争辩是一种自信、自立、自尊、自强的表现，是一种心理的宣泄。心理学家说："争执能帮助孩子变得自信和独立,在对抗中他们感觉到自己受到重视,知道怎样才能贯彻自己的意志。"争辩表明孩子在走自己的路,认真思考问题,次数多了,他们会明白父母以及自己并不是样样都正确。这样孩子就能弄清是非曲直,学会估量自己,了解自己的能力,养成实事求是、坚持真理、以理服人、平等公正的好品质,形成好的人格。

父母允许孩子争辩,还能活跃家庭气氛,在感情交流、思想沟通中,表现了一种亲情和友爱,能够架起一座通向孩子心灵的五彩桥,它能促使孩子体验父母情感的变化,正确对待父母和自己,正确对待所辩论的问题,化解矛盾,获得共识。如果一个孩子从不与人争辩,总是与世无争,那么,他的勇气、进取心、正义感等就值得怀疑了。

允许孩子和父母、老师辩论、讨论,不要剥夺孩子和成人沟通交流的权力和孩子对立起来。太多的"不准"又不给孩子解释为什么,不准孩子争辩,这样树立权威的父母和老师失去的是孩子的信任和尊重。我们必须知道,尊重是树立"权威"的前提,只有相互尊重,家长和孩子才能实现沟通的和谐畅通,才能真正了解孩子的内心需求。

另外还有一个父母们常犯的错误,就是当孩子提出一个他们答不上来的问题时,为了保住面子,随便给出一个错误的答案,甚至以大声呵斥来掩饰自己的尴尬,绝对不要这样做。所以大人不要因为一时答不出孩子的问题而感到丢脸。其实,世上的万事万物，谁会什么都懂？不如老实对孩子说："我也不太清楚，我们一齐来研究吧！"这才是正确的态度，且可以教孩子凡事要"真"、不虚伪、实事求是，这才会有进步。

当孩子提出问题时，要给予鼓励，并耐心地作答，决不欺骗孩子。在教育上，再没有比教给孩子错误的东西更可恶的了，这个错误可能会影响到孩子一生，因为最初的印象往往是最深刻的。所以，在对孩子的教育中，要坚持竭力排斥那些不合理的和似是而非的知识。在给孩子解答问题时，要尽量做到你的说明不难懂，而且充分考虑到孩子在现有的知识与思维能力下，是否能完全加以接受。因为父母如果随便给一个过于深奥的答案，孩子不能理解，结果仍然解不开心中的疑团，他们会一直不停地追问下去，很多父母就是这样被问烦的。

不要认为由于你比孩子懂得多，就有资格在他面前充当权威。当孩子问到你自己也不懂的问题时，你应该向他承认。假如，孩子问到你天文学方面的问题，你根本就一无所知，那么你就干脆老实地回答说："这个爸爸也不懂。"于是你们两个人就可以一起翻书，或者去图书馆查阅资料，一起把那个问题弄懂。并且向孩子表示感谢："如果不是你今天提问，爸爸至今也没弄懂这个问题呢。所以你以后要多多提问，我们一起来学习知识。"在这样的鼓励下，孩子的问题肯定会源源不绝。

等到孩子再大一点，懂的知识更多一点，他再提出问题时，你不必立刻给出答案，而是让他先思考一下尽力自己去找出答案来。如果孩子给出的答案和你的不同,你也并不一口否定,而是帮他分析,找出错误。有时候你会说:"其实你的答案也有道理,也许是爸爸错了,我们去看看书上怎么说吧。"

在整个教育过程中,我们都应坚持将自己放在与孩子平等的地位上,从而也给孩子灌输不迷信权威、追求真理的精神。

第二章 倾听孩子内心深处的需求

DIERZHANG

孩子需要自主的空间

现在的孩子长大成人后，回忆起自己童年的生活时，恐怕值得回忆的东西太少了。他们没有上树捉过知了，没有下河逮过泥鳅，没有放过风筝，也没在田野上嬉戏，有关童年的记忆是没有质感而苍白的。多彩的童年是一个人梦想的宝库，没有激情奔放的人生梦想，没有穿透时空的深刻思想，拥有丰富的人生是不可想象的。色彩单调的童年必将成为孩子们长大后永远的失落和隐痛！

一代文学巨匠巴金认为，人不能做考分的奴隶、文凭的奴隶。"为什么孩子们每天需要拿出那么多的时间来应付功课？为什么必须牺牲睡眠、牺牲健康、牺牲童年的欢乐，只是为了换取普通的考分？"

一个个天真的孩子，从上幼儿园起，就开始了背诵唐诗、学习简单算术，等到上了小学、初中、高中，成堆的书本等着一个个稚嫩的肩膀去扛，尽管有"素质教育"为其"减负"，但又有几个孩子得到了真正的"减负"？况且，人家都在为分数而拼搏，唯独你在真打实凿地搞"减负"，不管你是学生还是教师，不被淘汰才怪呢。于是，可怜的孩子们只有在书山题海中艰难地前行。

我们需要正视的问题是：现在的孩子，除了学习之外，还有几多他们自由活动的空间？现在学校大搞素质教育，孩子可以自主地支配自己的课余时间去做他们想做的游戏了吗？他们可以尽情地、开心地在游戏中用自己的童心去感受周围的世界了吗？恰恰相反，绝大多数的孩子没有感受到课余时间增多对他们的好处，反而更累。问题出在哪里呢？

事实上，在我们的周围，看到的，听到的却是"学校减负，家长加负"。孩子们苦不堪言。

荧荧是个难得的好孩子，上课听讲从不走神，作业和考试很少出错，老师以为她应该非常快乐。可是，她在日记中写下这样一段："……我学习不错，可妈妈还是天天让我做课外题。我的生活一半是做题，一半是课外兴趣班。"看得出，她并不快乐。

这个孩子的心理压力问题具有一定的普遍性。父母总认为孩子是海绵，可以无限地挤压，殊不知在大人们的挤压下，孩子失去了很多童年的乐趣，更谈不上健康快乐地成长。

可怜的孩子们，他们除了在书山题海中跋涉、在各类培训班里补习，还有一部分是提着十分小心去网吧"游戏"外，还有哪儿是为孩子们敞开的大门？因此，老师和父母应该还给孩子们自主的空间，让其在完成学业的同时，也能拥有快乐的童年。

我们做家长的必须明确的是，未来的社会，"知识+能力"必将成为世界的主宰，所以，孩子的成长需要的是全面发展。

一是需要健康的人生。孩子的成长需要供应充足的、健康的精神食粮。要通过多种途径为孩子提供为人之道，自立能力是孩子的必选课。

二是需要全面的知识。知识的获取不但有书本的，还有自然的、社会的、实践的等各种途径。我们应注意培养孩子通过各种途径自我汲取知识的能力，鼓励他们不要光啃书本，还要学会向社会、向自然、向实践要知识。

三是允许孩子向多方面发展。世界本来就是多姿多彩的，"三百六十行，行行出状元"，不要过多地限制孩子的爱好，不要让孩子按照我们的意志去发展。

有句话说得好，谁拥有了孩子，谁就拥有了未来；谁输掉了孩子，谁就输掉了未来。

教育孩子，使孩子能够成才，或能有出人意料的成绩，最关键的是：一定要给他们以闲暇。正如霍姆林斯基所说的：只有孩子每天按照自己的愿望随意使用5～7小时的充裕时间时，才有可能培养出聪明的、全面的人。又如一位老校长所说的："要知道松松垮垮才能出人才。"

不要看到孩子埋头作业才称为"乖"，我们的教育不要这样的"乖孩子"。如果真的爱孩子，就还孩子一片自主的空间吧！像教育家陶行知所说的那样：解放孩子们的手，让他们尽情去玩；解放孩子们的脚，让他们到处去跑；解放孩子们的脑，让他们自由去想。

给孩子自主发展的空间

有位家长，与家里的宝贝儿子几近于"反目成仇"。问到原因，说是儿子学弹钢琴学腻烦了，小小年纪脾气倒不小，不但不好好听专业教师的辅导，而且回到家里，假如父母让他在钢琴上弹一曲，给远道而来的亲戚朋友听听时，小家伙就会极不情愿地在钢琴键盘上胡乱捣鼓，还时不时以不吃饭为"要挟"。

如此一来，让他的妈妈感到很恼火，而怒火攻心则理智尽失，免不了要动点粗，暂时的"镇压"却总是带来更为长久的"冷战"。她自嘲说，早知如此还不如生个女孩好呢。

生个女孩就真的好了吗？与她的宝贝儿子一样，在我们身边，众多的家长不是对自家的千金也同样感到心力交瘁无计可施吗？为什么会出现这样的局面呢？

如今独生子女越来越多，在迅猛发展的现今时代，在对子女的成长成才教育方面碰到的问题也越来越多，但孩子还小，我们不可能把板子全打在他们身上，我们作为父母，更需要自己多加对照反思和理智把握。

著名作家刘墉说："对孩子的教育应顺势而为，父母应为孩子做好充分的学前准备，就像火箭升空之前，要为他提供充足的燃料，不加燃料，孩子失败，父母就会后悔。……一旦到了他能够自由发展的阶段，就要给他充分的空间。"

下面这则故事对我们家长一定会有很大的启发：

蔡志忠是台湾著名的漫画家。在他小时候，有一次和别的孩子一起玩，他父亲把孩子们叫来亲切地问："你们长大后想做什么呢？"

一个孩子说："我长大要做领导！"另一个说："我想当警察！"而蔡志忠却对父亲说："我想画招牌。"蔡志忠的父亲听了他的话，并没有因为他胸无大志而不高兴，只是淡然一笑。

他后来对别人说，不管要做什么，只要认真做就好。

蔡志忠四五岁时，趁父亲不在家，在房间的墙上画了一个个小人，面对自己的第一幅"漫画"，蔡志忠挺高兴。但父亲回来后看到墙被孩子弄成这个样子很生气，他挥起巴掌就追蔡志忠，蔡志忠早一溜烟跑了，但他心里怕父亲饶不了他。

可是令蔡志忠想不到的是，父亲后来只是骂了他几句就放过了他，而且居然给他买了一块小黑板和一些粉笔，蔡志忠真是又惊又喜。从此，小黑板成了他艺术想象力驰骋的天地。

蔡志忠进入彰化中学后沉浸在漫画天地里，结果成绩一落千丈。

如果是别的父亲，可能会禁止蔡志忠再画，但蔡志忠的父亲没有这样做，他虽然对孩子的成绩很失望，但觉得画画不是什么坏事，认真做也会有出息。

不久台北的一家漫画出版社请蔡志忠去工作，蔡志忠不知道父亲是否会同意他放弃初中学业远去台北。

他对父亲轻声说:"爸,我要去台北画漫画。"父亲平静地问:"有工作了?""是的。""那就去吧。"

一问一答,短短十几秒钟,一件影响蔡志忠终身前途的大事就这样决定了。

蔡志忠去了台北,很快成为台湾乃至东南亚一带最负盛名的漫画家。

"我让他自由。"这就是蔡志忠父亲的家教之道,蔡志忠一生得益于此。

好父母不当雕刻家。有一个"熊猫的故事":大熊猫妈妈希望她的熊猫儿子是天下最强壮最美丽最有本领的小熊猫。她对儿子说:"哎,我希望你能有大象那样结实的鼻子,有河马那样健硕的身子,有斑马那样疾跑的四蹄,有狮子那样尖利的牙齿……"儿子说:"我的妈妈真棒啊!你看到了别的动物的最大优点。可是,如果我达到了你所希望的那些指标,我就不再会是你的小熊猫儿子,而可能会变成一个怪物了!"

故事虽然简单,可是寓意深刻。"望子成龙,望女成凤"是天下父母一生的期盼和希冀,但好的父母不当雕刻家,他们应成为一个理性有定力有耐心的教育家,用不带功利的真爱,用宽广的胸怀,用心灵深处的温暖,潜移默化孩子,开启引导孩子,让孩子自由自在地成长成才。

试想,让孩子参加这样那样的兴趣班,是孩子们喜欢做的吗?如果那是孩子喜欢的,是他的兴趣爱好,大可鼓励孩子参加;如果那只是父母在不了解自己孩子的兴趣爱好的情况下，根据自己的意愿强加给孩子的事情，那不但浪费了孩子宝贵的时光和家长的金钱而收效甚微，还会严重地打击了孩子的积极性和自信心。

如果当时邓亚萍的父母不顾她的兴趣爱好，一定要她去学医；如果刘翔的父母逼着他去学钢琴——结果会怎样呢？世界上是多了一个伟大的医学专家和钢琴家，还是少了一个杰出的世界乒乓球冠军和100米跨栏的世界冠军呢？道理是显而易见的。

孩子是有个性独立的人。家长培养孩子首先要发现孩子的特长与爱好，不要学"泥人张"，要学"根雕家"。根雕家的艺术原则是发现、尊重根形的特点，然后经过艺术加工，使其特点更为突出，更为生动，最后成为精品。

孩子需要保护和关爱，但更需要发展的空间。父母在给孩子爱的同时，千万别忘了给孩子发展的机会，要多给他们自行选择和决定自己事情的机会，让他们看到正确的结果，帮助他们发现自己对周围环境所起的作用，并由此认识到自己的重要性。

给孩子独立的心灵空间

很多父母对孩子疼爱有加，"含在嘴里怕融，捧在手里怕化"！认定"全面"照顾孩子是自己义不容辞的责任，对孩子的生活事必躬亲、全权负责，就连孩子的小小内心世界也不会忽视。这些做法也无可厚非，但如果关心到连孩子一点心灵空间都不留的话，那就容易变成是对孩子的一种伤害。

听听孩子是怎么说的:"我感到自己在家里就像个劳改犯一样,一天到晚要汇报、请示,没有一点自由。虽然我也知道妈妈是关心我,但我已经是个大孩子了,她还是这么不放心我,我真是有点受不了。"

再听听专家的话:"孩子长大了,开始有了自尊心和自我意识,有了独立的愿望,希望能够自己管理自己的生活,独立思考自己面临的一些问题。"

比如处在青春期的少男少女,总爱在自己的抽屉上锁把锁,似乎有什么秘密。其实这是一种正常的心理特征,它体现了一种独立意识和自尊意识。宣告了他(她)已成长为一个拥有个人行为秘密的成人,不再像童年时期那样,心里有什么话都愿意向父母敞开心扉。这个隐秘世界是孩子自由个性的集中体现,包括父母在内的其他人再不可随意进入自己内心世界的警戒线。毫无疑问,保护孩子的隐秘世界是对孩子的尊重,父母也会因此赢得孩子的敬重和爱戴。

一位母亲曾伤心地说:

我女儿上初中后,把自己的东西都锁在一个小柜子里,钥匙总是藏起来。一天晚上,我发现女儿的钥匙放在桌子上,又惊又喜,准备打开柜子看看女儿究竟藏着什么秘密。这时,丈夫制止我说:"你这样做必然会引起女儿的反感。"果然,第二天一大早,女儿醒来就大叫起来:"你们偷看了我的东西!"我不容置疑地说:

"没看!"女儿叫道:"我在钥匙上放了一根头发丝,怎么不见了?"我猛地倒吸一口凉气:幸亏听了丈夫的话。女儿打开柜子,看见里面的东西纹丝未动,道歉说:"冤枉你们了。"我有点儿沉不住气了,马上说:"本来我是想看的,可你爸没让我看。"女儿说:"只要你们看了我就能发现,我所有的东西都有'暗道机关'!"女儿的话让我大吃一惊,她这不是把我们当成"特务"了吗?

这位母亲的遭遇挺让人寒心的。本来家应是孩子最安全的港湾,可如今有的孩子竟视父母为敌人。这多让人难过呀!

但是孩子们也有孩子们的苦恼。

"我最讨厌的事情,就是爸爸妈妈偷看我的日记、偷听我的电话。我觉得他们看我就像看贼一样!这样下去,我觉得自己和他们的隔阂越来越大,甚至不愿意和他们交流了。"西安市一名初二学生如此诉说。

调查显示,当孩子和同学聊天或者打电话的时候,有50%以上的家长会坐在旁边听甚至是躲在旁边偷听。"其实我和同学只是随便聊聊天,但是看到她在旁边偷听就是别扭,所以每次打电话我都躲到自己的屋里,把门关上。"而孩子的妈妈也表示出自己的无奈:"她有什么话都不跟我说,这是我唯一了解她的办法。"

这个学生的心声并不是个别现象,很多孩子在隐私问题上都深有同感。随着年龄的增长和独立性的增强,他们开始有了自己的一些秘密,日记就变成了孩子倾诉的朋友。但很多父母以对孩子负责、关心为由,想方设法翻看孩子日记,偷听孩子谈话,殊不知这些父母的做法却正是孩子们最反感的行为。

父母应尊重孩子们的隐私权,不列颠哥伦比亚大学的教育心理学教授金伯利·肖内特认为,青少年时期对隐私的需要超过他一生任何其他时期,甚至成年期,如果你认为隐私对你很重要,那么它对你的孩子更重要。

孩子需要有自己私人的时间和空间,家长应给予应有的尊重。在孩子的生活空间应如此,在孩子的心灵空间和感情空间更应如此。所以,不要轻易去动孩子抽屉上的锁,因为它是用来珍藏孩子的"秘密"的,如果强行打开,孩子的心灵大门就会从此对你紧闭。父母应该平视孩子、走近孩子,多与他们沟通,了解他们的内心世界,解决他们的烦恼,给他们一片快乐纯净的心灵空间。

因此,作为家长万不可采取偷听(孩子之间的电话、谈话)、偷看(孩子的信和日记)、偷察(跟踪孩子,向孩子的同学朋友"刺探情报")甚至打骂体罚、"刑讯逼供"等克格勃式的手段,来窥探孩子、监视孩子和干涉孩子。这样做的结果,只能使家长和孩子间的距离越拉越远,甚至还会产生难以挽回的后果。

有的家长给孩子制定了一系列的规定,这也不准,那也不行,凡事都要有家长来安排,孩子就像一台电脑一样,完全操纵在父母的手中,按父母既定的程序运行。但孩子毕竟不是机器,当孩子的独立意识得不到发挥,独立性受到压抑,就难免会与家长产生摩擦和冲突,甚至走向逆反。因此,应该尊重孩子的个性,尊重孩子的心灵人格。俗话说："人敬我一尺，我敬人一丈"，父母与孩子也是一样，若是多留些空间，生活就会变得轻松和宽敞。

给孩子充分的玩耍时间

许多家长把孩子玩耍看成是一种错误。有的家长下班回家看到刚刚玩了一小会儿的孩子，随口就会抛出去："就知道玩儿，不知道学。"接着就是："回家赶紧做功课去！"如果孩子说"功课做完了"，家长马上会说："你不会复习复习啊！"

总之，这些家长是把孩子玩耍当成"大敌"去对待的。有的甚至公开说："必须把孩子的时间都占领，叫他根本没有玩的工夫！"于是，孩子的下午、晚上时间全部被占领了，星期六、星期日的时间也全部被占领了。假如有一点空闲，家长还要见缝插针，非彻底占领不可。可怜的孩子，已经成了机器人了。

有一句话家长都知道："玩耍是孩子的天性。"这句话包含着这样的意思：如果不尊重孩子的天性，就会限制孩子的发展，就会受到规律的惩罚。有一位哲人说过："小孩子不玩是长不大的，只有让他去玩，才能健康地成长。"

但在许多家长的眼里，孩子之间的谈谈笑笑、追追打打、玩玩乐乐，被看成是浪费时间的事情。其实，玩耍以及做游戏是孩子人生发育过程中必须经历的事情，这些看似浪费时间的事情，对孩子的人际情感、道德情感、自控情感、性格情感的发育以及智力、生理发育都有不可缺少的作用和意义。

老舍先生特别珍视儿童的天真,认为这是天下最可贵的,万万不可扼杀。他主张儿童"宜多玩耍",最害怕看见"小大人""小老头"和"少年老成"。玩是沟通孩子的幻想世界和现实世界的桥梁,也是孩子想象力发育的摇篮。在玩耍、做游戏的过程中,孩子们的想象力、创造力可以得到极大的发展。

但家长不让孩子玩,取而代之却是一堆堆的练习和这样那样的补习班、兴趣班,这不是在扼杀孩子的天性吗?而且孩子能安心地去整天苦读,做功课吗?那样做,能培养出孩子好的学习习惯吗?

有这样一则报道,说的是法国的低收入家庭,特别是移民家庭的子女几乎没有外出旅游的机会,于是,法国一些社会团体就搞起了献爱心活动,通过募捐收集资金,把当地学校内没有机会旅游的孩子们组织起来,在暑期让他们到外地去旅游。

还有,在韩国,小学生假期通常会由学校组织参加一些活动,离开家去一些旅游地或野外爬山、游泳,以培养团队精神,通过吃苦锻炼,来培养"韧"的民族气质。活动费用通常由学校和个人各出一部分。甚至在宗教发达地区,有时教会会出钱资助。小学生们也会被安排去庙宇,接受一些佛家思想教育。

而如今,我们孩子在暑假里还要为各门功课去不停地补习,以期在开学能考个高分。我们应该明白的是,玩对于孩子来说不仅仅是兴趣,更重要的是在玩之中可以逐步开发孩子的智力。

在孩子的生活当中,很多事物都会使他们感兴趣,很多事都会成为他们最好的游戏。下雪的时候,孩子去堆雪人;下雨时,他会去挖沟渠。他还会用泥沙和石块建造神秘的城堡用积雪做雪墙、雪老虎,似像非像,妙趣横生。孩子冻僵了手,冻麻了腿,但仍然乐此不疲,如痴如醉。

孩子的各种能力就是这样从小培养出来的。有人认为像创造力这样的东西应该在孩子长大后才会具有,这完全是个谬论。其实,当一个孩子开始懂得玩耍时,他的创造力就已经开始了。

著名学者卡罗琳·胡珀说:"孩子们的工作就是游戏,孩子们从他们所做的每一件事情中获得学习。"我国著名儿童教育家陈鹤琴先生在《家庭教育》一书中谈到儿童心理时,将儿童的心理特点归纳为七点,其中第一点便是"小孩子好游戏的",是"以游戏为生命的",儿童在游戏中学习,在游戏中"工作",在游戏中身心能获得充分的、健康的发展。

任冠宇是北京市某重点中学的一名学生,他的爸爸是个普通警察,妈妈是北京市绢花厂的一名普通工人。冠宇小时候是个淘气包,很喜欢玩,特别对于车模,更是爱不释手。在他父母的"纵容"下,冠宇的这一爱好,渐渐成为兴趣,并取得了一系列好成绩:曾获得全国第三届奥迪杯四驱车模比赛全能冠军、全国青少年航空模型锦标赛个人冠军,被推荐为中国少年科学院小院士候选人,并被授予国家级运动健将称号……

对于孩子的成功,任冠宇的爸爸说:"每个孩子的童年都应该充满无忧无虑的游戏。"这是一句教育成功的至理名言。

给孩子适当的交友空间

成年人都有一种体会：每当回忆起童年生活时都非常兴奋，对儿时的朋友感到特别亲密。对别人谈起来，赞不绝口，说起与童年朋友一起干的各种趣事，如数家珍。如果儿时的朋友要聚会，只要时间允许，有请必到；儿时的朋友需要帮助，立即行动，当仁不让。我们的经历告诉我们：孩子需要朋友。

俗语说得好："一个篱笆三个桩，一个好汉三个帮。"一个人不可能孤独地生活在社会上，总是需要朋友，需要友谊，需要别人帮助。离开人与人的联系与交往，人就不存在了；离开人与人的联系与交往，人就不能发展。在诸多的联系、交往中，总有至近的、感情亲密的一圈人，这就是朋友。所以说，选择友伴是人的社会性需要，也是符合少年集群心理的。我们的孩子应该在朋友圈中长大成人，这对于今天的独生子女来说，尤为重要。

可现实的情况是，南方某市有关教育部门对该市1000多名小学生进行调查后发现：将近一半的孩子没有伙伴一起玩，"伙伴危机"正影响孩子的健康成长。它对孩子在成长过程中性格的形成，能力的培养，人格的完善及心理素质的提高等都带来了一定的负面影响。

独生子女缺乏伙伴是一个需要认真关注的问题。这不单单是表现在每一个家庭只有一个孩子，没有兄弟姐妹而造成的孤独感，更主要的是由于是独生子女，家长"少而精"的意识作祟，对孩子十分重视、百般呵护，不敢放手与人交往，不愿让孩子脱离自己的视力范围，不给孩子更多地接触社会的机会，无形中缩小了孩子的活动空间，缩小了孩子的交友范围，人为地封闭了孩子本该躁动的心。

日常生活中，谈起家长们是如何对待孩子与朋友的交往这方面的话题时，孩子们几乎都有一肚子的苦水。

有一个女孩说：

我的父母对我的朋友总是特别敏感。如果我想和女同学交朋友，需要经过他们的"资格审查"。学习不好的不能交；讲话太多的不能交；打扮太漂亮的不能交；眼神太灵光的不能交。如果我想和男生交朋友，干脆免谈。在这种高压政策下，我还能有朋友吗？

有一次，我放学回家的路上碰见两个同年级的男生，大家平时都挺熟的。那天，他们说想到我家去聊聊，顺便认一下门。我答应了，虽然我知道父母将会怎样为难我，可我还是带他们到我家了。路上我跟他们说，要他们对我父母说是我的同学，是来找我借书的。我之所以这样做，是不希望又被父母骂，不希望弄得不愉快。

到了我家，还好，父母还算给我留面子，没有当时把他们赶走。但是，爸爸不时地到我屋里来看看，其实他是来监视我们的。

那两个同学也觉得很别扭，没坐一会儿就走了。

我把他们送出门，刚回到家，爸爸就铁青着脸问我："他们是干什么的？"我说是我的同学。他又问："跟你是一个班的吗？"我说不是。爸爸又说："那你怎么把他们招引来了？"我当时就忍无可忍，什么叫"招引"啊？爸爸为什么用这样的语言来挖苦我？

那一天，我不知道自己是怎么上床睡觉的。

各位家长朋友，您对你的孩子是否也这样？也许，您家没有这种比较过分的情况，但您是否给孩子的成长提供过一些与伙伴交往的机会？你是否对孩子的交往担心有余，放手不足——总是担心孩子到外面玩被人骗了，担心孩子与不好的伙伴交往被带坏了，担心孩子把朋友带回家弄乱了房间？

事实上，人际交往是人的重要需要，也是孩子社会化的重要途径。孩子的交往活动，首先发生在家庭中，主要是与父母及其他长辈的交往。但是，随着孩子年龄渐渐增大，他们开始与老师、同学、伙伴交往。在各类交往中，孩子们与同龄伙伴的交往尤其重要，他们也因此有了自己的朋友。

聪明的家长不会对孩子的朋友进行"围追堵截"，应给予孩子充分的择友权，让他们自己做出决定，并尊重他们的朋友，帮助他们建立积极的人际关系。

家长要想使孩子成为同学们心目中的好伙伴，就要努力为孩子提供一个相对宽松的民主家庭氛围，因为这样才能培养出性格平和的孩子，孩子才能平和地与别人交往。只有孩子在充满善良、宽松的环境中长大,才能保证他健全的人格,健康的个性品质,这是孩子成为受同学欢迎的人的基础。

家长还要善于利用各种机会指导孩子与人交往。比如,家里来了客人,要让孩子主动打招呼,帮助做些接待事宜;去别人家做客,要教育孩子有礼貌;成人间谈话,如果没必要让孩子回避,可以让他们参与,并允许他们发表自己的意见,这是他们学习人际交往的极好机会。家长对孩子敢于在别人面前说出自己看法的行为应给予鼓励,对他们正确的见解应及时肯定。对孩子的一些不妥做法,如只顾自己说话,随便打断别人谈话等,要及时提醒,并在事后进行必要的教育和指导。

对于孩子们在交往的过程中出现一些矛盾和争执,是很自然的现象,家长不应过多干预,要正确对待。要尽量让孩子们自己来解决问题。让孩子明白与同伴交往是自己的权利,同样,处理同伴交往中出现的问题也是自己的责任和义务。这是对孩子独立人格的肯定,也是培养孩子独立性的重要一步。通过独立解决冲突和矛盾,使他们学会协调、同情、忍让等处世技能,这往往是在与成人的交往中学不到的。

同时,家长要欢迎孩子的伙伴到家中做客。不必太在意孩子们在一起时对家中清洁与秩序的破坏。父母可以巧妙地抓住这一时机培养孩子们自理的习惯和能力。给孩子空间,允许孩子们单独在一起说悄悄话,进行"秘密"的小活动。

当然,家长对孩子的交往也应积极地把关。由于孩子年龄较小,自制自控的能力较低,因此积极关注孩子的交往状况、预防同伴交往带来的不良影响是必要的。"近朱者赤,近墨者黑",父母应经常和孩子讨论择友的标准与注意事项,以促进孩子恰当选择交往的同伴。

让孩子适度面对生活的风雨

教育不是说出来的,是做出来的,实践出真知,实践是检验真理的唯一标准。只有亲身经历过,孩子才能从中获得切身的体会,使之真正成为自己的经验。

从生活与教育的关系上看,著名教育家陶行知先生认为,生活决定教育;从效力上看,教育要通过生活才能发出力量而成为真正的教育,即:生活教育化,教育生活化。这就指出了家庭教育的根本目的:引导孩子过健康的生活、劳动的生活、科学的生活、艺术的生活、改造社会的生活,就是运用生活的力量来改造生活。

这就要求我们家长必须给孩子体验生活的空间。在体验教育上,中西方教育方法存在着很大的差异。一些中国的家长对孩子过于关心,生怕孩子吃苦,他们愿意为孩子付出一切,但是他们没有意识到,错误的体验后获得的记忆更为强烈,感受也更为深刻。让孩子自己去体验,是一种最见成效的教育方法。

孩子不但需要体验成功,更需要体验挫折,外国人常说,"我们希望孩子有犯错的机会","他小时候犯错不伤脾胃,长大再犯错那就麻烦了"。这也就是我们所提倡的挫折教育。

当向中外母亲提出这样的问题：有一天傍晚，孩子回家时带着一身的泥污，腿上还剐了一些小伤口，当你得知从来不会踢球的孩子是因为在学校踢足球而弄脏了衣服，甚至受了皮肉之苦时，你会不会责怪你的孩子？

让我们感到遗憾的是：大多数的中国母亲的答案是"责怪"。责怪之后，还会因为怜爱而警告孩子，下次不许了。当然，孩子的脏衣服由妈妈代洗了。

但洋妈妈们却给出了完全不同的答案，她们会反问：为什么要责怪，应该鼓励孩子去尝试这个运动。至于搞脏了衣服、弄破了皮肉，没关系，我会教你如何清洗、如何上药，你自己去解决问题。

不经历风雨，怎能见彩虹？没有挫折，就不会成长。

中国的家长是最爱孩子的，但又是最不会爱孩子的。传统的中国家教不太鼓励孩子去尝试他们从未做过的事情，尤其是当这种尝试很可能导致失败的时候，母亲们更不敢轻易让孩子去体验了。而如果孩子背着家长尝试了某件事情，最终没有成功，而且造成了一定身心损失时，家长往往会对孩子选择指责甚至棍棒。事实上，这种情况在现在的中国家庭中还有很多。

这主要是由于绝大多数的父亲和母亲都曾走过许多弯路，因此希望孩子不走弯路不走曲线，两点一线，直接到达目的地。实际上，这种认识是片面的，许多经验的获取必须要经过困难挫折，孩子的成长一定要经过这条曲线，这是成长的必然。

母亲的愿望不能代替事实。如今有不少学生受不得一点委屈，更难于身处逆境。最近有媒体采访了一所大学的部分学生，竟有超过半数的学生承认曾经有自杀的想法或冲动，多么严重的状况！

人们见到的是，许多的学生受了点委屈便对父母、家人、朋友等大发雷霆，乃至疯狂发泄，导致杀死他人或者自己亲属甚至父母者已屡见报道；他们一旦身处逆境便悲观绝望，常常冲动地以自杀方式结束自己的生命，完全不顾父母的养育之恩，这方面的报道更可称得上是连篇累牍。人们不禁要问：如今的孩子怎么了？何以变得如此脆弱？

有句俗话说，不撞南墙不回头，颇有惋惜意，其实，南墙就是用来撞的，南墙撞了，人便成长了。一点点受挫折，隔三岔五脆弱一下，就不至逼迫自己太甚，郁积过多负面情绪而产生轻生念头。若是为人父母，就应该允许孩子有失败和脆弱的时候。

有一位父亲有感于现实的触目惊心，从小便开始对自己的孩子进行挫折教育，诸如孩子跌跤了，哪怕鼻青脸肿也让他自己爬起来决不去搀扶；孩子要出去玩，便讲好自己走，否则便立即回去，对哭闹乃至赖地打滚坚决不予理睬，甚至再踏上一只脚（当然是轻轻地）不让他起来；孩子想要的东西，他首先分清有无必要再决定是否满足，这样可从总体上控制，总会有一些要求遭到坚决拒绝……对孩子进行鼓励为主的教育的同时，也加入少量的惩罚教育……

　　上面这位父亲的做法倒不失一种切实可行的方法。试想，一个从小到大从没经历过哪怕最小挫折和些微风浪的人，如果在他以后的生活中突遇稍大一些的风浪，他能不惊慌失措，胡乱作为吗？挫折教育的实质就像是给孩子打的免疫预防针，用小的感染来激发其自身免疫功能的建立。

　　最近提倡的一种新型的教育方式——逆向关怀，其实就是挫折教育的一种形式。逆向关怀一词来源于动物保护：美国阿拉斯加国家动物园的鹿苑里，鹿群因既不必为觅食而发愁，也不必为逃避敌害而穷于奔跑，因而很快就繁殖起来。然而在一度兴旺之后，病弱残疾者与日俱增，最后竟出现濒临绝种的危机。当地政府曾不惜斥巨资予以挽救，可惜一概无效。后来一位聪明的管理人员建议，把几只凶残的恶狼引进鹿苑，又迫使鹿群为逃避狼害而重新拼命奔跑，从而使得留下来的鹿群体质日益健壮。后来，人们把这种奇特的动物保护方式称为"逆向关怀"。

　　如今的青少年也正需要逆向关怀。优裕的生活已经使很多孩子患上了现代懒惰症，消磨了孩子的意志，扼杀了他们的奋斗精神，长此以往，孩子岂不是坐失适应能力、生存能力，怎能不变成脆弱的一代。

　　美国洛克菲勒集团创始人老约翰曾对孩子说过这样一句意味深长的话："在生活的道路上，什么事情都会发生。"很多的父母都应该细细品味一下这句话的深刻含义。

第三章 做善于夸奖的父母

DISANZHANG

不必强求孩子成为最优秀的

张莹10岁的女儿小梅,长得并不漂亮,小脸黑瘦,头发黄黄,个子也不高。而且,小梅的学习成绩也很一般,总在班上20名左右徘徊,在任何一门功课上都没有表现出过人的天赋。

在张莹的眼里,女儿太平凡了,平凡得让她没有夸奖女儿的机会。张莹对这个女儿几乎失去了信心。每当小梅不小心做错了什么,张莹总会生气地对她说:"我真怀疑你是不是我的女儿,怎么这么笨啊,长大了肯定没出息!"

在日常生活中,我们也经常会听到一些父母对自己的孩子说这样的话:"看人家小朋友多有礼貌,你为什么就不爱讲话?""看人家小朋友画得多好,你怎么画的什么也不像!""看人家小朋友多干净,你怎么就不讲卫生?"……

这些父母不明白,这种唠唠叨叨的做法,既不能弥补自己孩子的不足,也不可能使自己的孩子拥有别人孩子的长处。这样说的次数多了,反而会让孩子从心理上感觉到自己不如别人,从而逐渐失去自信心。

任何人承受压力的能力都是有限的,孩子们实际上还很脆弱,父母的火上浇油很容易使得压力过度乃至造成伤害。因此,父母发现孩子的缺点和不足后，不要不分时间场合地胡乱指责一番，而是要客观分析产生的原因，努力寻找有针对性的解决办法，帮助孩子一步步地改正。

每个人都有优点，也有缺点，孩子也是一样。父母由于天天跟孩子生活在一起，眼中看到的似乎总是孩子的缺点，而忽视了他们的优点。

在现实生活中，父母经常会把自己孩子的短处和别人孩子的长处相比，甚至把别人的孩子过度地美化和夸张，本想给自己的孩子树立榜样，其实却给孩子带来巨大的伤害，甚至会因此影响孩子的一生。

每一个孩子都有他的长处和优点，虽然孩子的天资有别，学习事物有快有慢，学习成绩也有高有低，但判断一个孩子的好坏，不能只取决于一个方面。

作为家长，不能只凭长相、成绩等某个方面就认定自己的孩子不如别人、没有出息，而是应该善于发现他们的优点，发现他们与众不同的地方，要始终相信自己的孩子是优秀的，要把赞美留给自己的孩子，让他们在你的赞美声中继续发扬自己的优点和长处。

有这样一个孩子，初中时她体质非常弱，任何体育活动都没法参加，学习又非常争胜好强，偶尔有一门功课得不到第一就会难过就会自责。但父亲的一句话奠定了她的人生，父亲说：以你的条件，你不必追求优秀，但你可以做到良好。

她很听父亲的话，比较轻松地将每门功课都保持了良好，同时她的体质也恢复到了良好的状态，高中毕业她给自己的定位是考上一所普通大学，压力不重反而发挥良好，她轻松地考上了重点大学。

读了这则案例，不知家长们做何感想。是的，家长们都爱自己的孩子，而且常常将对孩子满腔的爱，化作了热切的希望——孩子能够比自己幸福，能够拥有一个无比顺利、无比灿烂的未来。他们不愿意自己曾经吃过的苦，孩子重吃一遍；自己所经历的人生曲折，孩子再经历一次；自己失落的梦想，孩子又一次失落。可是，他们如此深厚、强烈的爱，却未必能够得到孩子的回应，有时甚至还成了家庭悲剧的根源。

其实，父母培育孩子如农民种庄稼，只有遵循庄稼生长的规律，适时浇水施肥，才能获得丰收。爱孩子的家长，只有既能掌握孩子成长发育的一般规律，又了解自己孩子独特的个性特点，洒在孩子身上的爱才能得到成功的回报。

还有这样一个真实的故事。在一个标准的中等家庭里，养育了一个优秀的女儿。她不仅美丽出众，多才多艺，而且学业优秀，品行超群。小姑娘不听流行歌曲，不穿时髦服装，不讲俚语俗话，不崇拜任何同龄女孩子崇拜得五体投地的电影和体育明星。她功课门门优秀，业余时间不是弹钢琴便是读名著。她让无数家长羡慕甚至妒忌，使无数同学崇拜又敬而远之，令教师和父母引以为骄傲。

可就是这位"公主",某一天突然没来由地歇斯底里、拳打脚踢、污言秽语……医生的结论是:长期、过分的紧张压抑所致。在维持"优秀""出色"形象的努力后面,是来自内部和外部的负荷,是对于各种欲望的逃避和压抑。时间一长,孩子不堪重负,最终爆发。

其实,假如她不那么出类拔萃,不那么高尚优雅,比如热衷于女孩子喜欢的带点俗气的装饰品,比如有那么一点对于歌星、影星的迷恋崇拜,大约不会酿成这样激烈的反弹。

援引这个例子绝不是鼓励家长去纵容孩子的毛病,而是想说明人无完人,说明青春期的孩子存在各种各样的缺点和问题是再正常不过的事情。

不管是怎么样的孩子,被尊重是他们与生俱来不可剥夺的权利,孩子成绩好也罢、成绩差也罢,家长都应当给予尊重信任和理解。这样的爱才有力量,才能使孩子心灵得到舒展,才能让孩子得到努力上进的动力、信心和勇气。当你认为孩子让你失望、孩子不争气的时候,不要忙着责备、忙着施加压力。请记住,他们更需要的是理解,指点和帮助。

你的孩子是独一无二的,他的种种毛病就像他的可爱之处一样必不可少,有些甚至将伴其终身。请你将他的缺点连同他的可爱一道接受下来,这没有选择,就像孩子在接受咱们作为家长时一样,毫无选择!

不必强求孩子成为最优秀的,而是要会量体裁衣地培养、教育他，只有这样才会让孩子去创造更适合他自己的人生，成为一个快乐的人。

站在孩子的立场上看问题

这是一个出自《卡尔·威特的教育》中的一个故事，可能对我们中国的家长们有更多的启示：

爸爸给卡尔买了一套积木，卡尔对这个礼物很喜欢，把大量的精力花在了摆弄积木上。

一次，幼小的小卡尔花了很多工夫用木块搭了座城堡，其中有房屋、城门、城墙，还有做得非常精致的小桥。

正当他准备叫爸爸来看时，由于十分激动，不小心他的衣角在城堡的主要建筑———一个高高的钟楼上扫了一下。顿时，钟楼倒塌了，砸坏了其他建筑，还毁了他精心搭建的最令他满意的小桥。顷刻间，他的杰作成了一片废墟。

"父亲，它毁掉了，是我不小心给毁了。多可惜！它本来那么棒……"

小卡尔说着都快哭了。

爸爸问清情况后说："儿子，既然是你不小心，就没有理由抱怨，更不该难过。你能做好第一次，就一定能做好第二次。为什么傻坐那儿？不如重新做一个，或许还会更好呢。"

顿时小卡尔欢欣鼓舞。

其实，这话说着容易，做起来难。因为小卡尔搭的是一组复杂的建筑群。

要他做完第二次，一定要有极强的耐心和毅力。但老卡尔坚信儿子能做到。

不出所料，小卡尔完成了，并邀请爸爸欣赏作品。老卡尔看后非常吃惊，他没有想到，他的儿子会做得那么完美。

"父亲，我认为这比前面那个做得还要好些，因为我做第二次对它做了不少修改。并且做得快了。"小卡尔自豪地对爸爸说。

相比之下，小麦克就没那么幸运了。

5岁的小麦克的小房间一般不太整洁，玩具从盒子里倒出来后，常常不主动收拾好就去玩别的了。

有一次爸爸对小麦克说："把你的房间收拾干净再出去。"

小麦克说："我已经收拾好了。"

爸爸走进房间一看，地上已没有玩具了，可还有好几本儿童画报没有收拾好。便对小麦克说："你看你的书到处都是，真不像话，别人会笑话你的。"

麦克像什么也没有听见似的，溜出去玩了。

结果，以后小麦克再也没收拾自己的房间，像和父亲赌了一口气似的。

我们可以说，卡尔的父亲真正懂得了孩子的心，而麦克的父亲则是一种"成人主义"。

"成人主义"的家长往往对孩子挑剔指责过多，要求过高。

他们认为孩子什么也做不了，而不是尊重孩子，这样就严重地打击了孩子的积极性，使孩子丧失了自信心。

"成人主义"的家长往往希望和要求孩子能够像成人一样思考、理解和行动，这种不现实的想法打击孩子的自信心，使孩子认为自己没有能力，产生敌对的情绪和反抗。

"成人主义"的家长往往这样问孩子："你怎么老是这样？你为什么不……""你应该知道……""我告诉你这么多次了……""你为什么老是这么孩子气？""你什么时候才能长大？""你能不能……"他们已经忘了他们自己曾是孩子的时候。

孩子是按照父母的模式生活成长，还是按照他们的天性成长，这是父母面临的最大的困惑。作为父亲，你需要发现孩子的天性，帮助孩子按照他独有的、与生俱来的方式成长。然而按照每个孩子的天性养育他，并不像听起来那么容易。当孩子的某些独特倾向在触怒父母时，父母会努力扼杀孩子的那个独特倾向，并试图以他们看重的品质来取代。他们尽力把孩子塑造成自己希望的模样。然而他们还是忘记了孩子与他们是不同的。

什么是孩子的天性？饿了吃，困了睡，不舒服了哭？这些自然都是，可是更重要的是他们具有与生俱来的自由天性。

孩子心里自有一个世界，这个世界十分奇特，与成人的世界是大相径庭的。孩子3岁以后，就是一个有自我意识的独立发展的人。孩子出生后，每天都在从一个自然的人向一个自为的人发展变化着。他们对这个世界充满了好奇，他们天生就有一种贴近和探索这个世界的愿望，他们的行为不受任何约束。他们的想法是：他们来到这个世界，这个世界就是他们的了。在这样一种儿童心理的支配下，他们才会不断地与这个世界发生碰撞，而最先遭遇到的就是他们亲爱的爸爸妈妈。

如果你站在成人的立场，用成人的思维方式给孩子分析问题指明方向，告诉他们应该怎样去做，就会使孩子怯于自己去体验。

如果你坚持认为自己的知识渊博，滔滔不绝地给孩子们灌输知识，不失时机地纠正孩子的错误，你就限制了孩子自己去积累知识的机会。

你做了主认为孩子什么也做不了，就会严重地打击了孩子的积极性，使孩子丧失自信心。

孩子真正需要什么呢？

生活对他们来说，是一片没有开垦的处女地，他们需要的就是一股拓荒者的勇气和自信心，而不是恐惧和畏缩；他们需要的是天性受到鼓励，而不是受打击。

因此，你需要换一个角度，扔掉你身上的"成人主义"。让我们学会像卡尔的父亲一样说："你能做好第一次，就一定能做好第二次。"这样，你的孩子就会像卡尔一样给你意外的惊喜。

下面几则父母否定孩子感受的例子，你或许似曾相识：

孩子："妹妹老是拿我的东西，我讨厌她！"

妈妈："你怎么可以这么说自己的妹妹？你不该讨厌她，你要为你所说的话道歉。"

孩子:"野餐好无聊,一点儿也不好玩。"

爸爸:"为了这个野餐花了这么多时间和金钱还说这话?""你怎么可以说野餐无聊?这么好的天气出去玩,而且你还吃了三只热狗。我相信每个人都玩得很开心。"

孩子:"我们教练是白痴。迟到不过两分钟,就罚我跑操场。"

爸爸:"怎么可以骂人!规定就是规定,不然你希望教练怎么处理?给你一面奖牌?"

在这几则例子里的父母都犯了两个基本的错误:

第一,父母并没有真正聆听孩子的感受,只是一听到他们负面的词句就马上判定:"这孩子有错,我必须纠正他。"

第二,在大人急着纠正孩子行为的时候,孩子的感觉却被忽略了。事实上,忽略他的感觉就等于忽略他的存在,还有什么比这一点更令人沮丧的?

父亲应该如何应对孩子的情绪呢?

要诀就是要真正地去倾听孩子在说些什么。停止一面听,一面揣度孩子是否有问题、是否应该被纠正的举动。要仔细听,不仅听所谓的事实,还要听听孩子内心的声音。沟通专家称之为"主动的倾听""感情移入的倾听",也就是站在孩子的立场听他们的心声。

要做到这种倾听确实不容易,大部分的人都无法做得自然、做得好,因为我们都太封闭,活在自己的世界里头,听不见别人的声音。而孩子则十分敏感,知道我们是否在听他说话。如果我们两眼盯着电视机，一面听孩子说话，一面听着电视的声音，孩子自然看得出我们不专心，感到自己无足轻重，因而沮丧不已。

孩子的直觉某些时候有误或不够成熟，但还是应仔细倾听。如果你真的在乎孩子的感受，就不必理会对错。这点很重要：父母的首要工作就是处理孩子的情绪，因为再也没有比建立孩子的自我印象和自我价值更重要的事了。为了孩子，扔掉自己身上的"成人主义"吧！

挖掘孩子的特质

留意孩子天生的特质，并适时地给予肯定，等于帮助孩子建立一座自信的宝藏。

根据加登纳的多元智力理论，每一个正常的孩子都具有七种智力，或者说具有这几个方面的发展潜质。这七种智力分别是语言、数理逻辑、音乐、空间、运动、交往和自省。这七种智力在孩子的身上不同程度组合，构成了他（她）的智力特点。如果给予适当的鼓励，提供良好的环境和正确的指导，每个人都有能力将这几种智能发展到一个相当高的水平。

当然每个孩子既有自己的优势智力领域，也有弱势智力领域。孩子不应该也不可能是全才，但他一定会有某种能力值得我们赞许和肯定。教育的目的就是发现、发展孩子的智能强项，扬长补短。即以孩子的强项为依托，强项带动弱项，相得益彰。

世界顶尖首富比尔·盖茨，从小就极爱思考，一迷上某事便能全身心投入。从外祖母循循善诱的启蒙教育到父母不辞辛苦地为比尔·盖茨寻找适合他天分发展的社团与学校，无不为他天赋的发展提供了肥沃的土壤、清新的空气。

外祖母特别喜欢和聪明的小比尔一起做游戏，尤其是涉及一些智力的游戏。她教少年比尔下跳棋、玩筹码，还有打桥牌等她所喜欢玩的东西。玩游戏时，外祖母总爱对小比尔说："使劲想！使劲想！"外祖母还常常让比尔·盖茨读书，给他讲故事，比尔·盖茨从中受益匪浅。外祖母意识到比尔·盖茨在思维与记忆上的潜力，她总是不失时机地激活比尔这方面的潜能，有时祖孙俩到公园散步，外祖母常会与比尔·盖茨交流下棋的技术或看某篇佳作，让比尔寻找更新下法或表达更独到精辟的见解。

比尔·盖茨的父母十分关注孩子的成长。他们在质朴的处世方式中，更多地关心孩子的成长与教育，他们在工作之余总是尽可能地与孩子们待在一起。一家人不断地进行各种游戏，从棋类到拼图比赛，几乎所有的益智游戏。

随着年龄的增长，家庭中的环境已无法满足比尔·盖茨天赋的进一步发挥。于是，父母把目光投向社会，积极为比尔寻找属于他的空间。在一次活动中，比尔·盖茨给班上准备一份报告，叫《为盖茨股份有限公司投资》。这篇报告几乎成了全家人的事，他的外祖母帮着弄封皮，连父亲也插手帮忙，气氛很活跃。

小学毕业后，父母在征求比尔·盖茨意见后，送他进了湖滨中学。在湖滨中学，比尔痴迷上令他今后倾注毕生精力的计算机。

比尔·盖茨在湖滨中学读书时，常按自己的兴趣爱好来安排学习。比尔·盖茨在喜欢的课程上下功夫，学得非常棒，如数学和阅读方面。每次父母看到比尔拿回来的成绩单，尽管他们知道比尔在一些课程上会学得更好，但他们并没有拉下脸来责备比尔·盖茨。

中学毕业后，比尔·盖茨很想到哈佛大学去读书，这也正是父母们最大的心愿。幸好，比尔·盖茨的父母并没有像其他父母那样把孩子看作是自己的私产，必须让孩子们来完成父母喜欢的事。经过冷静思考后，父母放弃了让儿子当律师的想法，让比尔·盖茨在大学领域里自由发展。

但一年后，更大的难题摆在了比尔·盖茨的父母面前：比尔·盖茨要离开哈佛，放弃锦绣前程，与别人一起创办计算机公司！比尔与父母多次交谈，平静地表达了自己的想法。了解儿子秉性和志向的父母又能说什么呢！或许儿子的天赋与计算机事业是最佳的切合点吧！比尔·盖茨便毅然离开了令众多学子向往的哈佛大学，开始在软件领域大展宏图。

在家庭的呵护下，比尔·盖茨能全力专注于某一事物的天赋十分明显。1975年比尔正式创办了现在的微软公司。很显然，比尔·盖茨的成功是个人天赋与家庭教育共同作用的结果。

比尔的事例告诉我们：教育应不断激活孩子的天赋，注重对孩子天赋的培养与保护。

每个孩子都是独一无二的，要了解孩子的潜能需要长期的观察研究。只有在了解孩子的情况下父母才可以做出明智的决定。确认孩子的优势就是确认了孩子的"精神生长点"。称职的父母必须独具慧眼，把握孩子的这一最重要的"精神生长点"。假如父母看不到自己孩子的优势，对孩子失去信心，就容易伤害孩子的自尊心和自信心。

判断孩子最发达智慧的一个最后的好方法，是观察他们在生活中"不规矩的表现"，比如：他虽不爱弹琴却喜欢绘画，虽没有耐性却有创意，虽不善言辞却很热心，家长若把这些细节记录下来，认真分析，就能归纳出孩子的性格趋向，发现其擅长的一面，从而诱导和激发他。

观察孩子"强势智慧"的重要途径是多和孩子在一起，即在无人指导下，看他在做些什么。可以通过观察他与同伴、朋友谈话和讨论问题时的情况来了解；还可以收集孩子活动资料、参考学习成绩等。

当然，在此过程中，家长要做有心人，孩子的点点滴滴都不要放过。此外，家长还应注意观察分析孩子的爱好、个性、特长，加强自身学习，掌握新的科学方法和观察技能，要耐心等待孩子发挥潜力。

同时我们家长必须明确的是，发现孩子"强势智慧"的目的是充分发挥孩子的能力，发展兴趣，增强孩子的自信心、自强心。如果期望过高，脱离实际，势必会简单粗暴，使孩子丧失兴趣。

童话故事《从现在开始》主要叙述了狮子想找一个动物接替他做"万兽之王"的故事。

第一个走马上任的猫头鹰下令:"从现在开始,所有的动物必须白天休息,夜里做事。"结果动物们叫苦连天。第二个就职的袋鼠颁布诏书:"从现在开始,动物们都要跳着走路!"动物们也怨声载道。第三任最高行政长官猴子只说了一句话:"从现在开始,每个动物都照自己的习惯过日子。"动物们欢呼雀跃,狮子宣布,从现在开始,猴子就是"万兽之王"了!

老师引领学生熟读了这篇课文之后,让他们说一说内心的感受。孩子们畅所欲言:有的说狮子把大官让给别人做,真了不起;有的说猫头鹰和袋鼠让"臣民"像他一样生活太霸道;有的说猴子思想开放,挺有人情味儿的!

突然,一个男孩子站起来说:"我想把妈妈变成一只猴子!"

闻听此言,同学们哄堂大笑。

"为什么?"老师惊诧地问。

妈妈安排我星期六上午学国画,下午练书法;星期天上午弹钢琴,下午学英语。每个双休日都是如此。烦死啦!如果能把妈妈变成一只猴子,她就可以宣布:"孩子们,你们按照自己的喜好过双休日吧!"

同学们报以热烈的掌声。

时下,不少家长在家庭教育中融进了太多的功利,往往看到眼前什么行业最吃香就希望将孩子培养成什么人。他们只注重加大某方面的投资而不顾孩子的特长个性。

教育学家普罗塔戈曾经指出:"头脑不是一个要被填满的容器,而是一支需要被点燃的火把,一个人发自内心的动力、爆发力最强。"

西晋时,左思的父亲左熹一心想让儿子学书法,不惜重金聘请名家指导。可左思不感兴趣,学无所成。左熹又让儿子学琴,结果学了很长时间竟弹不出一支像样的曲子。这时左熹从失败中懂得了尊重孩子特点的重要性,根据儿子性格内向、记忆力好,对文学的特殊偏好的特点,因材施教,让儿子学赋诗。左思如鱼得水,进步神速,不出几年,写得一手漂亮文章,最终成为西晋著名的文学家。

明代大医学家李时珍的父亲李言屡试不第,于是将仕进的希望寄托在李时珍的身上,而李时珍对八股文不感兴趣,对医学特别酷爱。可是在父权时代,儿子只好从命,攻读八股文,结果三次科考不中,时已24岁。李时珍感到再也不能虚掷光阴了,说服父亲同意他弃文从医,终成大医学家。

以上这两则成功的案例就告诉我们:教育孩子具有多面性和灵活性的特点,要循循善诱,因材施教。成年人应尊重每位孩子都是有价值、有不同的能力;他们都应有均等的权利,去选择适合自己的发展之路。在我们为孩子的明天精打细算的时候,应先认真考查一下今天的孩子的情况,然后根据孩子的实际因材施教,那样孩子的成才之路将更宽更平坦。

好父母总能发现孩子的闪光点

因为他们是孩子,所以他们对世界上的一切都充满了浓厚的兴趣,也敢于去想象、实践一些新鲜的东西。我们这里首先提出的就是要激发孩子的兴趣与创造力。而且这与孩子个性的形成有着很大的关系。

假如家长整天把孩子关在家中学习,限制其活动,并往往打破他们的幻想,这样的孩子长大了只会成为家长的乖儿女,社会的"绝对守旧者",可以说他们也会因此形成一种"奴"性。你愿意孩子成这样吗?如果孩子们都这样培养,那么社会就毫无进步的希望了。

激发孩子的兴趣、创造力要与其树立正确的是非观相结合。不能鼓励其胆大妄为,赞扬其胡思乱想。要激发其兴趣、创造力的有利性、可行性。这一点,A女士就做得不错。

一天,A女士下班回家,发现她儿子拿着他心爱的牛角冒着大雨在院子里挖石头,身上雨水混着泥浆,脏得不行了。那牛角尖也不知是否依然存在。她正气得想好好教训儿子一顿的时候,儿子手中拿着几块石块,满脸兴奋地跑了过来。

"妈妈,你看这石头上的花纹,真漂亮,放在我家的金鱼缸里,小金鱼肯定喜欢得很。"儿子举着石块对A女士说。

"是的,你真有眼光,这石块的花纹很特别,像向日葵花,哦,还像一只缩着头的乌龟呢。"A女士看着儿子无邪的脸,不由改变了主意。

这是一件小事，但如果 A 女士一怒之下打她儿子一顿，以后她儿子心中始终会存有阴影，会因顾虑母亲而放弃许多事。

其次要激励孩子的进步。

随着年龄的增大、对世界了解的加深，孩子们开始变得比较成熟，开始有主见起来。这就是一个进步过程，这个过程中的激励是十分必要的。

进步分大的进步和小的进步。我们绝不能忽略那一点点的进步，正是这一小点一小点的进步促成了他的成熟。孩子们昨天问你星星有没有妈妈，你觉得他问得有点幼稚可笑。

今天他问你星星到底距我们多远，你觉得很正常。但到有一天你儿子突然告诉你星星分恒星、行星、卫星等，恒星能发光，太阳是太阳系里唯一的一颗恒星时，你是否觉得很突然？如果是，证明你平时没有注意孩子的一点点的进步。

当你的孩子自己把房间收拾得整整齐齐；当你的孩子做好了饭菜等你回来吃；当你的孩子告诉你今天坐车时把座位让给了一位老太太；当你的孩子说昨天晚上学到 12 点，终于完成了所有任务……你觉得他们那时最期盼的是什么？是你的一句赞扬啊！你这时肯定知道孩子有进步了，开始慢慢长大了。你会不因此而高兴吗？

再次，当孩子具有一定的审美观后，他们开始有了对美的追求。他们开始讲究穿戴，开始注意发型，开始在异性面前表现自己。

这时外界的氛围对其心态影响较大。如果别人说他（她）穿的合身，说他（她）的身材好或发型很酷，表面上他们肯定显得挺不好意思的，但内心却很是乐意于此。当然美不仅仅是外在的，更重要的是内在美。内在美主要是思想素质问题，包括对祖国的热爱，对父母的孝敬，对别人的尊重，对社会秩序的遵守；热爱劳动，热爱生活等。这都非一日之功形成的，需要成人的时时指正，并有效地激励他们追求美。

最后，还要强调的是：对孩子意志力、勇气、自信心的赞扬。

爱迪生说："成功＝一分天才＋九十九分汗水"，好多人具有一分天才，可是为什么他们还是不曾成功（即使他们也付出过汗水）？就因为他们没有坚强的意志力和自信心。本来要九十九分汗水，你付二十、三十甚至九十八分也不能成功，只有坚持到最后才行。

孩子们就像一块未被雕塑的美玉，好父母总能看到这块玉身上的可塑之处，然后把它变成世上最美的玉。

在比较中发现孩子的进步

我们看什么事物都得有个参照物，你才能对其加以判断。"是"是"非"的参照物，"远"是"近"的参照物，"美"是"丑"的参照物。我们激励孩子也同样需要参照物，需要加以比较，这才能显出他到底是进步了还是后退了，是成熟了还是一如往日。

我们这里所说比较中激励孩子主要从三个方面来说：第一，和艺术作品中的孩子或成人进行比较；第二，同现实中的人进行比较；第三，同孩子自己进行比较。

"艺术源于生活"，虽然有其夸张的一面，但亦是脱离不了生活的，艺术品中的人物大多是虚构的。有的近乎完美，有的一无是处。但这并非无法比较。我们可以拿取其中的一个点或一个面就行了。

许多好的影片和书籍不知使多少人为之振奋。影片和书籍中的英雄人物也不知不觉成了人们比较的对象。如《小兵张嘎》中张嘎的机智、勇敢，《英雄儿女》中王成的大无畏，《雷锋》的全心全意为人民服务，以及后来的《焦裕禄》等。虽然他们做出了令人们敬佩的事，但他们身上的优点并不是被他们垄断了，可能千千万万个人都拥有，只是没搬上荧幕而已，只要你稍加留意，就会发现这种优点往往在纯真的孩子身上体现得更明显。

当你的孩子做了一件帮助他人的事，你可以拿雷锋做他的榜样；当你的孩子面对挫折不屈不挠时，你可以说他有保尔的钢铁意志；当你的孩子为了失学儿童而砸碎自己心爱的蓄积小动物，你可以拿其壮举与董存瑞舍身炸碉堡相比。你觉得这话说得有些夸张吗？其实从心理学的角度说，儿童有一种特强的模仿力。你们既然把他们比成英雄，他们就会觉得自己是个英雄，做什么事都得拿出点英雄气概来，不知不觉地会去模仿英雄的为人处事。就像一个班集体中的班干部一样，你是班干部，你就得带头，做出榜样，让人服你。

不管怎么说，艺术作品中的人物总不如现实生活中的人物有血有肉。当你还小时，你父母也许常对你说这家的孩子乖，那家的孩子学习勤奋等。当时你有何感想，你是否觉得那家的孩子真的那样呢？不，你肯定会想，那家的孩子不乖的时候你没看到，乖的时候恰恰被你发现了。这样对孩子产生了好的效果吗？但如果你说，我家儿子最乖了，都知道自己收拾房间了，邻家孩子就不如你，房里乱糟糟，让他父母每天累得……这时你的孩子的虚荣心（或叫上进心吧）会使他们想得到更进一步的激励，说不定明天就开始帮你扫地、做家务了。以证实他的确比邻家某某优秀得多。

随着孩子的一天天长大，他们不再问"麻雀知道它们叫麻雀吗？""电视机吃不吃饭？"这类问题，他们开始问你怎样对待老师、同学，怎样整理好东西，怎样做饭等问题，这说明他们开始懂得要独立生存了。这提问的本身就是值得大加称赞的，你还有理由保持你的"金口不开"吗？

当然，上面说的是一个大的过程。我们要从小事做起，假如小王说他孩子：上次你语文才考了73分，这次一下子蹦到80分，我女儿了不起，进步真大呀，真让爸爸高兴。这时她女儿见爸爸这么高兴，又夸奖她，兴奋地说："爸爸，这次发挥得不好，下次我考个85分给你看看。"女儿能这样说，说明小王的话已生效，剩下的就是她女儿向85分的奋斗过程了。

有些家长就对孩子要求过高,不仅不懂得赞美,反而大加责备。一个孩子说:"上次我数学考了98分,全班第一,妈妈很高兴。可这次我只考了89分,得了第四名,妈妈狠狠地骂了我一顿。这次题本来就比较难嘛!再说我也不可能保证次次考第一吧。"在这儿,这位妈妈就陷入了教育孩子的误区,没有用比较激励法。只看到孩子分数、名次的稍微下降,没注意孩子思维等素质的提高,打击了孩子的自尊心。

总之,在比较中你会发现孩子的进步,也可以根据孩子的实际,提出更适当的更高的要求,使孩子更快进步。比较中激励孩子可以使孩子做得更好,对自己抱有更强的自信心去迎接明天的挑战。

发自内心地予以夸奖

露露6岁的时候,有一次,一个人在家把屋子收拾得干干净净。妈妈一回来,就说:"哇,是谁这么勤劳?把屋子收拾得这么干净!"于是她就从门后边站出来。妈妈说:"原来是我的宝贝女儿啊,你可真能干!"妈妈发自内心的夸奖,让露露爱上了家务劳动,她总想给妈妈一个惊喜。

发自内心的夸奖可以起到鼓励孩子的作用,让他们觉得倍受尊重和有价值。发自内心的夸奖能让孩子肯定自我、尊重自我,进而发展更完美的人格。

家庭野餐会上，几个孩子一起打羽毛球，双方你来我往，战况激烈，笑声不断。12岁的瑞恩把球拍交给5岁的妹妹，并抱她坐在肩膀上一起应战。和大孩子一起打球，妹妹高兴得尖叫，有时候也能还击几球呢。

这群孩子一起回来喝汽水时，瑞恩的父亲小声对他说："你是一个很会照顾妹妹的好哥哥。"瑞恩耸耸肩，加入其他同伴，但脸上带着一抹隐藏不了的羞涩微笑。他明白父亲发自内心、真心诚意地赞美他对妹妹好，这种感觉将永远珍藏在他心底，成为难忘的回忆。

父母发自内心的赞美能够增强孩子的自信。当我们不在他们身边时，陪他们度过严峻考验的将会是这些自信。免费地、大方地给孩子赞美吧，因为赞美永远不嫌多，这是孩子发展自我意识的必要支持力量。慷慨的赞美和尊重，真的足以供孩子享用一辈子。

生活在赞美中的孩子，将比他周围的朋友更活泼开朗。受赞美的孩子，会感到倍受尊重，进而能激起他们内在的自我价值和尊严感。每个孩子都该得到这种感觉，这是我们为人父者的责任。

如果父母没有发自内心，那么，所有的赞扬都是虚伪的，孩子会觉得父母是假惺惺的，赞扬的目的就不可能达到。

一位母亲经常打孩子，后来她听了有关赏识教育的一节课，觉得的确应该常、夸夸自己的孩子。回家儿子正吃饭呢，她就跟儿子说："儿子你太好了！你真棒！"儿子说："妈，你生病了吧？

我看你今天病得不轻，都说胡话了。"儿子不相信她的赞扬。

也难怪，假惺惺的谁信哪。赞美的话要发自内心地说才行。

杜鲁门当选美国总统后，有一天，一位客人来拜访他的母亲。

客人笑着对杜鲁门的母亲说："有哈里这样的儿子，你一定感到十分自豪吧！"

杜鲁门的母亲微笑地回答："是这样的。不过，我还有一个儿子，他同样让我感到非常自豪。他现在正在地里挖土豆呢！"

杜鲁门的弟弟是一位农夫，但是，母亲并没有认为这位做农夫的儿子是无能的。对她来说，每个孩子都令她感到自豪，无论儿子是总统还是农夫。

在接受记者采访时，杜鲁门的弟弟是这样评价哥哥和自己的："我为哥哥感到骄傲，他将是美国最优秀的总统之一。但我同时也为自己感到骄傲，我是一名农夫，用自己的双手养活了自己，照顾了父母。"

这是何等的自信！而这种自信正来自于母亲的赏识。

实际上，每一个孩子总是有优点的，只要父母真正从内心去赏识孩子，每一个孩子都是值得父母自豪的。

由此可见，赏识孩子应该发自内心，从孩子本身出发，不要把孩子与别的孩子做盲目的比较，尤其不要把自己孩子的短处和别人孩子的长处相比，而应该看到自己孩子的长处，看到自己孩子的进步，让孩子活出属于自己的精彩。

不管孩子是否优秀，做父母的都应该以平常心对待孩子。只有把孩子当作一个平凡的人,当你在发现孩子的优点和长处时,你才可能发自内心地去赏识他。

当你发自内心地赏识孩子的时候,一定要认真地注视着孩子,温和地对孩子说:"孩子,你真棒!"让小小的他或她感觉到你的无限真诚!

夸奖孩子一定要及时

孩子做了好事或有了进步,最好当时就给予夸奖和鼓励,这样孩子的荣誉感和成就感就会及时得到最大的满足,把后面的事情做得更好。如果,孩子取得了成就,你无动于衷或反应迟缓,必然会给他的内心造成不良的影响。

"妈妈,妈妈,我今天跳高得了第一名。"小剑一进门就兴高采烈地对妈妈说。

"你身体又不是特别好,运动起来那么上劲干吗?"正在厨房里忙碌的妈妈顺口问道。

"今天我们班上体育课,老师组织同学们进行跳高比赛。我是跳得最高的,老师夸我很有运动天赋呢!"小剑跑到厨房门口得意地说着。

"哦,知道了。今天有作业吗?快去做作业吧!我这里忙得乱七八糟的,你就不要捣乱了!"妈妈好像没有听到小剑说的话,表现出一副无动于衷的样子。

听到妈妈这么说，小剑刚进门的高兴劲一下子就没了，闷闷不乐地躲进了自己的房间。他不明白为什么自己跑了第一名，妈妈却一点都不高兴，更没有夸奖他。他甚至在心中犯嘀咕：妈妈难道不爱我了，一点都不关心我？

正当小剑疑惑不解的时候，爸爸回来了。爸爸发现小剑很不高兴，就问他："怎么了孩子，有什么不开心的事情吗？"

"爸爸，我今天跳高得了第一名，老师都夸奖我了，可是妈妈却一点都不高兴。"小剑很委屈地对爸爸说。

"是吗？第一名啊，真厉害！和爸爸说说当时的情况。"爸爸很高兴地问。

"体育老师让我们分两组，男生一组，女生一组。男生里我跳得最高，他们都不如我，你都想象不到我当时有多帅！"

"真是好样的，等会儿吃饭的时候一定要多吃点，这样才能让身体更强壮，以后还要得第一名，好吗？"

"嗯，我以后还要得第一名。"小剑高兴地跑到饭桌旁边，等待吃饭了。

我们庆幸，小剑爸爸给了孩子所需要的及时奖励。小剑是幸运的，毕竟有一个好爸爸及时回应了他的夸奖需求，避免了给他一生造成不良影响的后果。

但是事实上在现实生活中，我们的父母们常常在孩子不需要关心的时候，给了孩子过分的呵护，而当孩子需要父母赞扬和鼓励的时候，却因为怕孩子骄傲而故作冷淡。

每个人非常希望获得父母的认同。作为孩子，他们通过自己的努力，在学习或者比赛中取得好成绩，这是多么值得父母赏识的事情！这时候，父母应该为孩子感到高兴，应该及时给予热情的赏识和赞扬。让他们感觉到父母为他的出色表现感到骄傲！

事实证明，只有及时赏识和赞扬孩子，才能充分调动孩子的积极性，让他们往更高的目标冲刺。如果是事后很多时间，再给予赞扬，那么随着时间的流逝孩子已经不再期待，所以夸与不夸其实已没有多大区别。

某校长曾经做过这样一个实验：期末考试之后，他分别在不同时间内对两个班级考试成绩差不多的两组孩子做出评价。

对第一组孩子，校长在考试成绩出来的当天就表扬了他们："成绩真不错，你们都是聪明的孩子，继续努力吧。"

对第二组孩子，校长一直等到下一个学期开始之后，才对他们说："你们上学期考试成绩不错！"

一个学期以后，第一组孩子因为受到了校长及时的赞扬和鼓励，学习成绩有了明显的提高。他们一致认为是校长的赞扬让自己对学习充满了信心，学习劲头也更足了。而第二组孩子的学习成绩却没有明显进步。虽然校长赞扬了他们，但时间已经相隔太久，所以他们根本没有察觉到这种表扬，所以他们的学习积极性也没有太大的变化。

这个实验证明，孩子是需要家长要正确把握赞扬的时机及夸奖的。因此，当孩子达到了某个既定目标，父母一定要把握机会，及时由衷地赞扬孩子；同时表现出你的喜悦心情，让孩子感受到是他的良好行为表现使父母感到高兴。这是简单而又能产生显著效果的一招，只要坚持去做，必有喜人的收获。

有时候，孩子需要的不仅仅是父母一句赞扬的话，他们也需要得到父母的重视和关心。如果父母没有对孩子的成绩表示出及时的关注，会让孩子感到失望，而这种失望很可能会让他们失去继续努力的动力。

当看到孩子打扫房间时，应该及时称赞他："你真能干，家里干净多了。"当看到孩子画了一幅画，应该及时称赞他："画得真棒，很有想象力。"相信这些及时地赞扬会让孩子更加快乐和自信。

不要给孩子设立需要很长时间才能达到的目标。孩子的意志力和耐力都是有限的，他们很可能会因为等待时间过长而放弃努力。因此，应该多给孩子设立一些短期的目标，一旦孩子达到目标或取得进步，就及时赞扬他。

及时夸奖孩子，能表现出家长对孩子的真心赏识和热切期望，还能传递给孩子一种强大的精神力量。这种力量不仅可以让孩子更加努力和自信，而且会促进孩子健康快乐地成长。

在第一时间把赞扬和肯定传递给孩子，让孩子感觉到父母发自内心的赏识和期望，从而满怀自信地面对学习和生活。——这是赏识教育里很重要的一课。

天下的父母们，当孩子有出色的表现时，不管你在忙什么，是工作还是学习或者家务,都请你马上停止。因为,在这个时刻时,最需要你的时候,是你那可爱的孩子,他或她在眼巴巴等待着父母的反应,请你第一时间回应他一句:"孩子,你确实做得很不错,我为你骄傲!"

夸奖孩子的每一个微小的进步

在日常生活中,人们不会责怪牡丹为什么不香,梅花为什么不如牡丹花朵大,葡萄藤上为什么不挂西瓜,荷花为什么不能长在陆地上?大自然的万物,总是各尽其天性,发展它们的长处,于是才有这万紫千红的世界,百花争妍,美味纷呈。

唯独轮到看自己的孩子,总觉得他处处不如人,这是为什么呢?主要是期望值过于单一,要求每一朵花都开成牡丹,自然多数的花朵都成为不合格产品。再有就是期望值过高,要求达到目标的速度过快。小草不能成为参天大树,大树也难以速生。不切实际的期望值只能扼杀正常生长的生机,从而往往断送可能达到的辉煌。

有这样一个故事:少年宫的小提琴老师王老师,最近正在教一批新学生。在这批学生中,有一个叫张娴的小女孩,她学小提琴非常刻苦,虽然刚开始的时候入门比较慢,但后来慢慢地进入了状态,弹得越来越好,他觉得这个孩子很有潜力。

可是,王老师发现张娴已经两个周末没有来学琴了。他感到非常奇怪，于是他拨通了张娴家的电话，接电话的正是张娴。

"张娴同学，你还好吗？这两个周末为什么没有来学小提琴呢？是不是家里出什么事了？"

"没什么事。因为我妈妈认为我学不好，没有天分，再学下去也是耽误时间浪费钱，所以她不让我学了。"

"怎么会呢，你学得很认真，最近进步很快，妈妈难道没有体会到吗？"

"我每次学完回家，妈妈就让我弹给她听。每次弹完，她都说弹得一点不好，一点进步都没有，就不让我学了。"

挂上电话，王老师为这个可怜的孩子感到悲哀。

本来上进心很强的孩子，每一天都会有所进步的孩子，仅仅因为没有达到父母心目中的"最佳"状态或理想标准，就全盘抹杀孩子的成绩，这是对孩子的一种伤害。也许在无意中，会因为父母过高的期望而葬送掉一个科学家或艺术家。

孩子在学习或者生活中总会有一些让父母不满意的地方——成绩没有别人好，做事没有别人快，脑筋没有别人聪明，但是，孩子一直都在进步，这才是最重要的。

应该珍视孩子的每一个微小的进步。在孩子看来，只要自己取得一点点进步，父母就应该是和自己一样高兴的。可是有的父母不会站在孩子的角度看问题，总是用自己的标准要求孩子，因而孩子很多时候很难达到父母的要求。这样一来，孩子就很难看见自己的进步，就会产生自己没有用的想法，从而丧失了前进的动力。

因此，随时都要看到孩子的每一个微小的进步，尤其是在孩子表现不好或者成效不明显的时候，不要打击孩子的信心和积极性，而是应该善于发现孩子哪怕是一点点的进步，对孩子的表现给予宽容，对孩子的进步给予赏识，这将会让孩子建立或者重新建立做好事情的勇气和信心。

发现并赏识孩子的每一个微小的进步，不仅影响到孩子学习和做事的效果，而且还会影响到孩子对学习和做事的态度。我们发现，孩子喜欢某一门课程，很多时候是因为放学回家后有人愿意了解他们的学习情况，并肯定他们的微小进步。有的孩子说："我喜欢音乐课，因为回家后可以唱歌给爸爸妈妈听，他们可喜欢听了。"也有的说："我喜欢数学课，因为回家后算数经常得到妈妈的赞扬。"如果我们对孩子的进步不听、不看、不肯定、不赞扬，孩子的学习态度肯定会受到打击。

有这样一段很精彩的话：假如你的孩子不能成长为参天大树，那就让他做一棵默默无闻的小草吧，他一样可以给你带来春天的美丽；假如你的孩子不能成为一片汪洋，那就让他做一朵最小的浪花吧，他同样可以带给你跳动的喜悦；假如你的孩子不能成为一位名人，那就让他做一个平凡的人，只要他快乐、诚实、正直、善良、上进。为父母者都应感到骄傲，因为他们培养出来的孩子是一个对社会有用的人，这就足够了。

我国当代文学家老舍的教子方法很值得借鉴。老舍先生的教子方法有四：一是不必非考百分，特别是不必门门都考百分；二是不必非上大学；三是应多玩，不失孩子的天真烂漫；四是要有个健壮的体魄。老舍先生给孩子营造了一种宽松的发展空间，使孩子的个性得到了充分的发展。

作为家长，应当坚持不断地为孩子的每一个微小进步加油，经常地对孩子说一声："你比以前进步多了，继续努力，一定会成为最好的。"

用小目标鼓舞孩子

科学的教育理念是一种"远见卓识"，它能正确地反映教育的本质和时代的特征，科学地指明教育的前进方向。

恩格斯指出，人只为可能达到的目标努力奋斗。如果目标不可能达到，就会失去自信从而失去动力。所以，赏识孩子不仅要善于发现孩子的优点和长处，帮助孩子设置恰当的奋斗目标，而且要善于将目标分解为阶段性的可实现的目标，以保持孩子的信心。

不要认为赏识一定要怎样夸奖孩子，针对孩子的实际情况，为孩子设定一个"够得着"的小目标，这本身就是一种有效的赏识，而且这种情况下的赏识不会产生"副作用"。

设定一个合适的目标。"跳一跳，够得着"是很好的形容。如果孩子不需要跳起来就够得着，或者怎么跳都够不着，那就失去了目标的意义。

那么父母应该如何为孩子设定目标来引导孩子呢?

父母应该对孩子的能力和现实条件有一个正确认识和把握,切忌急于求成,如果父母对孩子的情况把握不准,最好与孩子的老师商量再作决定。给孩子设定的目标最好是一个只要努力就一定能够实现的,这样可增强孩子的自信心,然后再逐步引导孩子向更高的目标进军。在目标设定时还应该和孩子一起商量,这样不仅能听取孩子的意见,也能使孩子对目标更有积极性。

但有时的情况是,即使给孩子制定了目标,孩子自己也很感兴趣,可是时间稍微一长,孩子却可能把自己应该做的给忘了。怎么办?

这就需要强化孩子的目标意识,让这个目标在孩子心中扎根。比如可以把目标写在墙上或者床头比较显眼的地方,最好用彩色的纸,这样容易被孩子看见,时刻给孩子以提醒。如果目标有一定的时间限度,那么再给孩子一本"目标日历",目标应该完成的那一天要显著地标出来。

在小目标达成后给予适当非物质的奖励。比如,在目标达成那天的晚餐时,给孩子的座位放一个好看的垫子,让孩子在晚饭前"致辞",全家人表示庆贺。或者看电影,打电脑游戏,或者去肯德基吃饭等等让孩子选择一件他自己喜欢做的事。

用目标引导孩子,当孩子向着目标努力时,教师和家长要善于发现孩子的每一个进步,加以赞赏,加以鼓励,加以强化。进步可能是细微的,那么我们就使用放大镜。让孩子自己相信"我也能成为好孩子",而且让这思想成为一种定式,化为一股前进的动力。

第四章
DISIZHANG

对孩子的优秀品质真心赞赏

欣赏孩子的天赋

嘉嘉有一个像录音机似的脑子。她记得你一个星期前说的话并会提醒你。这一点非常令人惊奇。

从很小的时候,嘉嘉就喜欢和人交流。她很早就用一个整句来谈话,并有丰富的词汇。实际上,虽然她妈妈喜欢听她讲故事和唱歌,但有时她对嘉嘉的喋喋不休也感到厌烦。当她对家里人编故事和谜语时,她的演说听起来像个小大人。

甚至在她还上学前班时,她就管理和指导她的小伙伴玩"让我们扮演"的游戏。她对于表达自我感受和稍带戏剧性地表达自己很在行。如果她画了幅画,她就想谈谈她的艺术创作。她在幼儿园里最喜欢的是表演和讲述,她可以与同伴分享一个新宠物和她家里的新玩意。

在班级里,嘉嘉被称作"老师的宠儿",因为她频繁地被叫起来回答问题。她易于跟随口头上的指示并能够快速回答老师的问题。但当她在座位上说得太多而遇上麻烦时,她可不觉得自己是什么宠儿。她按读音拼写一切单词,所以她有时写得不对,后来她开始用录音机来学习,这才有所改变。她还在记乘法表时遇到了困难,这降低了她的数学考试的速度。但嘉嘉擅长创造性的写作和班级讨论。像许多听觉禀赋发达的孩子一样，她在记忆事实和拼写单词时常常动嘴背诵。她将一切都口头表达出来，她需要听到信息并顺序说出才能学习。

智力开发专家告诉我们：小嘉嘉是个听觉禀赋异常发达的孩子，假如加以开发，将会前途无限。孩子不可估量的潜能需要父母去发现。

美国加州医学院贝格尔教授认为：人的智慧潜能是无法测量的。发现是激发孩子智慧潜能的重要一步。那么，孩子天生有哪些潜在能力呢？对于儿童来说，只靠智力测验来断定是否有天赋，是否天资聪明是不十分可靠的。

贝格尔教授告诉我们，观察孩子的潜能，不妨从以下几个方面观察：

（1）走路早的孩子聪慧

走路本身就是对婴儿大脑发育良好的刺激，所以，孩子小时候应让他多走路，不要整天背着抱着。

（2）说话早的孩子反应敏捷

说话早说明孩子大脑神经回路即大脑细胞之间有广泛的联系。说话早能学到比一般孩子较多的词汇，能运用大量的词汇表达复杂的意思。有的孩子3岁时能认数百个单词，简短的文字能念下来，并且对图画感兴趣，能在充分的时间里对一个问题集中注意。这类孩子大都口齿伶俐，语言流畅，思维清晰，理解能力强。

（3）对外界事物表现出广泛兴趣的孩子有天赋

这类孩子常常对事物表现出强烈的好奇心，并喜欢刨根问底，很早就表现出旺盛的求知欲和对学习的兴趣。随着年龄增长，在正确的教育方法引导下，知识不断增多，眼界日益开阔，兴趣逐渐广泛，从被外界事物吸引，进而表现出对一些事物的主动性、倾向性和不舍的追求，如爱画画的孩子，见什么都想画下来，听母亲讲故事，画故事情节，听音乐又去画对音乐的感受，等等。

（4）记忆力强的孩子聪慧

这类孩子的记忆广度和深度都超过一般儿童的水平，并且记的时间很长。学习速度快，轻松自如，能够迅速地记住幼儿园教师和母亲的要求。

（5）对某种事物表现出高度注意力的孩子有天赋

能够很快地发现问题，注意细枝末节。有的孩子对别的事物漫不经心，而对某一事物则表现出浓厚的兴趣，并去专注学习。

（6）活泼可爱、体力充沛、健康状况优于常人的孩子聪明

这类孩子与父母、朋友相处比一般人更融洽，在日常生活中情绪比较稳定，有独立生活能力，有很强的进取心、自信心。

希望父母平时注意观察您的孩子有哪些天赋，并充分地利用孩子的这些潜在天赋进行适时的开发、培养和教育，但不要拔苗助长，要让其自然地发展进步。事实说明，"仙丹妙药"不如"改善体质"。

为人父母者在教养孩子时，不要抱着能找到什么"仙丹"可

以马上见效的想法，重要的是要针对孩子的气质、才智及性格来教育，孩子才可能发挥潜能，达到最佳的状态。

赞赏孩子的玩耍能力

杰瑞2岁半了，和5岁的姐姐凯蒂比起来，他可算是幸运极了。父亲去年在洛杉矶一家知名的电脑公司做销售部主管，收入不菲，母亲辞去工作，专心在家照顾这两个小家伙。虽然2岁半了，小杰瑞走起路来还是急匆匆的，像是赶什么约会似的，连妈妈都得为他捏三分汗。凯蒂白天在幼儿园，不用妈妈多费心。只是她回家之后，老是对小杰瑞的玩具打主意，不时地大动干戈，家里简直就像世界末日到了。

今天似乎是一个祥和的日子，杰瑞在玩他刚刚到手的一支新式玩具枪，还有已被踢得变了形的大货车。只见他上好货车的发条，嘴里嘟噜着"呜呜"的汽笛声，货车就随着他的"马达声"出发了。他双手端着"冲锋枪"学着史泰龙的模样，到处射击，不时还听到"啊啊"的叫喊声，似乎是在追捕货车上的人似的。不一会，货车撞到墙上，翻了个跟头，不动了。杰瑞一个箭步上去，对着货车又是一脚，嘴里叫着："我是警察，立即放下武器，把手举起来，放在头上，转过身去，背靠墙站住！"接着又大喊："快！"又是一脚，可怜的大货车痛苦地呻吟着，翻过身去，居然又开了起来！气得杰瑞一路开枪追击。

姐姐凯蒂正在自己的屋里给心爱的兔八哥营造宫殿呢。她把各种形状的积木搭起来，费了好大的劲才把房子建好。兔八哥在下面，还是有些挤。可唯美主义的她还不满足，非得要找两个武士把守宫殿的大门，保护心爱的兔八哥，于是她就跑到杰瑞房间去找。看见他在那里忙得正欢，就悄悄地拿了两名"武士"，放在背后，招呼也没打，走了出来。没想到，杰瑞发现了姐姐背后的秘密。杰瑞岂肯罢休，拿着冲锋枪冲过来："不许动！"吓得凯蒂把两个武士扔在地上直打滚！看来又是一场战争。

看到这种情景，父母们会怎么想？也许他们会说：唉！孩子就是孩子，就知道玩儿。

可是你从来没想过玩儿对于孩子的意义吗？

让我们听听权威教育家的话吧！福卢倍尔在《人的教育》中说道：

"游戏是人在这一阶段中最纯洁的、最神圣的活动。同时，它是人的整个生活中所特有的，是人和一切事物内部隐藏着的自然生活所特有的。所以游戏给人快乐、自由、满足、内部和外部的平静以及整个世界的安宁。它具有一切善的来源。一个能够痛快地、能自动决心地坚持游戏、直到身体疲劳为止的儿童，必然会成为一个完全的、有决心的人，能够为了增进自己和别人的幸福而自我牺牲的人。一个游戏着的儿童，一个全神贯注游戏着的儿童，一个这样沉溺于游戏中的儿童，不是儿童生活的最美丽的表现吗？"

此外，精神分析学派的弗洛伊德认为，游戏是一种宣泄情感的工具。通过游戏，儿童可以排除消极的情感，保持积极的情感。瑞士著名心理学家皮亚杰则认为，游戏是情感和认知发展的必要过程。埃里克森认为，游戏使儿童有可能安全地操练以后现实生活中将被规定要做的事情，美国心理学家马斯洛则说，游戏是自我实现的一个重要途径。

游戏，是人类共有的天性。我们常说的娱乐、休闲、旅游都是玩儿的表现形式。对幼儿而言，玩就是其生活的主体。他们这并不是浪费生命，而恰恰是在创造生命的价值，因为他们是从游戏中学习和发展的，也即从玩中学。

起码我们现在可以知道，游戏对于孩子的思维、动作与创造性的提高有三大好处：

游戏能促进自由思维的发展。我们知道，人的思维与电脑不同，电脑的思维基本是一种预先制定好的、规则的线性思维。而人的思维并不总是线性的，更多的是一种非线性的创造性思维。这种创新来源于人自身所接触的信息的多少及它的关联程度，同时，也依赖人类身体自由的神经连接水平。这两者都与身体自由的活动能力有关，尤其对婴幼儿来说更是如此。因为身体活动使他们能获得直接的感知，增加信息感受量。同时，活动机会的增加也促进了神经系统自身的发育，二者相辅相成。这样，儿童对外部世界的感受能力也随着游戏机会的增加而增强，思维的自由度也随之而扩大，自然，思维质量就会提高。

游戏是婴幼儿动作发展的重要途径。婴幼儿的动作发展,除了依照遗传密码而发展和成熟之外,还需要动作的训练。训练的方式是多种多样的,但游戏是其中一个主要的途径。尤其对于精细动作而言更是如此。游戏可以通过类似娱乐的方式促进其动作的发展,比如积木游戏、运动游戏等。由此可见,不论是精细动作还是大动作的发展,游戏都是其中一个重要的方法。

思维的自由度和创造性得益于游戏时动作的精确化和系列化。运动生理学和心理学的研究表明了上述观点。真正出色的运动员,不仅需要长期持久地训练,还需要思维发展达到很高的水平,善于用脑来处理或控制自身动作与外部环境的协调,善于把握运动的各个环节的连接、变化,并力求创新。由此看来,动作的准确程度和创新水平往往是运动者思维水平的一种表现,科学家发现,如果小孩动作水平很高,尤其精细动作方面表现良好,那么可以预见小孩在思维水平上将达到较高的水平,相反则思维水平一般。

了解了这几点,相信你不会再干涉或轻视孩子的游戏了吧?

请记住福卢倍尔所说的:一个全神贯注游戏的儿童,是最美丽的。

赏识孩子的自我管理能力

小张夫妇10岁的儿子扬扬得了满分。儿子平时勤奋好学，又好动脑，速算、抢答题都是他最先做完，那些思考题、作文也是班上做得最好的。

当人们让小张夫妇介绍一下他们是怎样教育自己的儿子时，他们是这样说的：我们从来不管儿子的作业，也从不看着他学习。从儿子上学之前，我们就开始给他灌输一种观念——学习只是他自己的事，将来就算是有出息也是他自己的事。我们一直在给儿子讲这一道理，几年来，我们都把责任还给了他自己，同时我们也把自由还给了他自己。我们的儿子每天的作业基本上都是在学校里完成的，即使是作业多做不完，他回家后的第一件事也是做完作业。我们要求他每晚8点半之前睡觉，有一次他贪玩结果忘了做作业，到睡觉时才想起，我们却告诉他，作业没完成是你自己的事，只有等着明天挨老师的批评吧，现在是睡觉时间，你一定上床去睡觉。从那以后，儿子就真的再也没有耽误过他的学业。

事实的确如此。正是由于小张夫妇平时不管孩子，实行"无为"而治，才使得自己的孩子有了许多的自由，也使他们产生了许多自己的兴趣与爱好。没有家庭作业的时候，儿子会一边查字典一边读安徒生童话、格林童话、伊索寓言和其他的一些有趣的故事，有时家长问他为什么爱读这些书，他就告诉家长说因为他的同学们都爱听他讲故事。小张夫妇的儿子还爱画漫画,他把家长、亲人、老师同学都画到他的画里,他说这样是很有趣好玩的。家长过生日时,他送给母亲一张他自己画的漫画作为生日礼物,那张画面上他画了一个小老虎,用头顶着一本厚厚的书,然后递到一头戴着眼镜的大牛面前。儿子跟母亲解释说:"我是虎,你是牛,你平时爱看书,所以我送给你一本厚厚的书。"

小张夫妇的儿子生性是自由的。家长告诉他,做儿子的是可以跟自己的家长讲理的,每当他做错了事,家长从来不打骂他,而只是与他讲道理,一直到他自己明白是自己做错了为止。

家长也从不因为考试成绩好而去奖励儿子,因为他们要让儿子明白,学习的好坏其实是自己的事,既然学习是自己的事,那又凭什么要家长给他奖励呢?

小张夫妇联系当前家庭教育的现状,一针见血地指出:现在有太多太多的家长望子成龙心切,他们是一心想让自己孩子成才,于是就替孩子做出一切属于孩子自己的选择,也陪着孩子做一切,结果使他们的孩子认为学习仿佛是家长的事,自己是在为家长而学习。这样下去,本来是望子成龙的家长,相反却剥夺了孩子的学习自由,又把孩子应负的责任担在了自己的肩上,到头来,他们的孩子肯定很难成龙,因为任何没有奋发向上的愿望的孩子将来是不可能腾飞的。

他们呼吁:家长应该把"望子成龙"的心情改为"让子成龙"的心态。给孩子创造一个良好的环境,同时给孩子树立一个比较好的榜样，让孩子能有更多选择的自由，也让孩子有更多的责任感，设法去激发孩子的"成龙"热情，激发孩子潜在的创造力和学习欲望，让孩子自己去渴望成龙，这样一来，孩子才能真正成为一条"龙"。

总而言之，家长不妨试试无为而治，站在第三者的角度来让孩子发挥自我管理的天性吧。也许，他们的表现会让你惊异呢！

赞赏孩子的冒险精神

2岁半的保罗总是喜欢闯祸，而且又很固执，什么事都想管一管，可怎么也管不好。这可和2岁时那好脾气相差得太远了。保罗的爸爸曾经认真地学习过看护孩子，可还是被保罗弄得晕头转向的，整日不得安宁。

现在保罗白天可不大愿意待在院子里，他要爸爸带他出去玩。爸爸也知道，这一时期保罗特别喜欢新事物，不如带他去看看外面的世界，也好增长见识。在一个天气晴朗的周末，按计划全家四口人到郊外去野餐。大儿子迈克异常兴奋，早早准备好，等着出发。保罗更是乐得直在地板上打了好几个滚。这天上午，他们开着车，带了一些野餐的工具和食品出发了。

他们选择了一个宁静的、靠着河边的小草坪坐下，就开始准备午餐。这时最忙的不是妈妈而是保罗了。他一会跟着迈克去打水，而且非得自己拿一个壶。迈克把水倒到小锅里时，保罗自然当仁不让，倒他自己拿的那一壶，结果把刚点的火又给扑灭了。气得爸爸直摇头，哼了一声："哪来的灭火专家？"保罗反问了一句："爸爸，灭火专家在哪儿？"说着四处张望，寻找灭火专家。

吃过午饭，保罗开始进行现场指挥，叫爸爸去洗锅，妈妈去倒垃圾，最气人的是他居然还叫迈克给他拿自己的玩具枪。迈克自然不干，结果保罗在那里大闹一场，最后迈克在爸爸的"威胁"之下恶狠狠地把小玩具枪塞到保罗的怀里，保罗立即破涕为笑，玩起他的枪来了。

爸爸与迈克一起到河边去钓鱼了，妈妈和保罗在河边散步。保罗刚开始还是牵着妈妈的手，后来，他不知被什么吸引住了，一个人落在妈妈的后面，独自去看个究竟。直到听到保罗叫了一声："妈妈，快来看！黄蝴蝶！"妈妈才意识到保罗离她都有6米远了。不过她也不着急，毕竟这还算比较安全，在她的控制范围之内。况且看到他神采飞扬的样子，妈妈的心里也多了些安慰：保罗长大了。于是又回过头去，和保罗去寻找那黄蝴蝶去了。

过了一阵子，迈克和爸爸钓鱼回来了，还真有不小的收获，保罗一看水桶里有活蹦乱跳的鱼，又兴奋起来了，非得伸手去抓弄一阵。幸亏有一条鱼来了个鲤鱼打挺，他才害怕地放手。

冒险，是儿童的天性。

美国政府曾经有过一次法令，要求所有对儿童开放的公园都不能禁止儿童触摸，否则将受法律制裁。在保罗这样年龄的儿童看来，世界对他们来说实在是太新奇了，在这之前，他们还基本上待在房间里，最多也就是在院子的附近逗留一会儿而已，而现在他们能很稳地走路，而且可以不像以前一样那么关注自己的脚是否走好。事实上，他们根本很少关注这些细枝末节，虽然也偶尔跌跤。如果父母在这个时期很少让孩子到外面去玩，那孩子的脾气会很容易变得愈加固执。不过，在这个阶段，儿童的固执几乎成为一个显著的特征，因为他们希望表现自己的能力，他们还习惯于命令别人按照他的意志去行事，比如保罗叫爸爸去洗碗，妈妈代劳，多半会是以失败而告终。

去郊外玩，那可是这个时期儿童最热切期望的。这个时期，儿童对每一样事都感到好奇，非得亲自去尝试着接触、感觉。如果你全神贯注于聊天，你会发现，即使是你慢悠悠地散步，也会很快地把孩子抛在后面，如果恰好是在人多或者树丛较多的地方，你可得费一番功夫才会找到他。而此时，他正在摆弄着开着小花的小树枝或者趴在地上看着小蚂蚁搬家呢。所以说，这个时期的儿童最容易走失。不过，细心的父母也会发现，只要在你们的视线以内，一般儿童是不慌不忙的，而如果离开了你们的视线，儿童一旦意识到了这一点，他们会大声地哭着喊："妈妈在哪里，妈妈快来！"一旦他有什么新"发现"，首先他也会喊着父母和他一起分享。如果这个时候能对他进行一些自然常识的教育，会给他更多的信心，他还会问你一些意想不到的问题。而如果你不愿意与他分享这份浪漫的发现，久而久之，他也会兴趣大减，好奇心消退，对他今后的发展势必造成不良影响。

所以，你如果是宽容的父母，对他就应该"放任"一些，给他自由活动的空间，至多加以一定的教育引导。让孩子按照天性自由地成长，那他的世界里就会充满欢笑，你的生活里也会充满阳光。

11岁的美美星期六想和同学去逛百货商场，然后看场晚上七点的电影，大约九点半以后再回家。妈妈不知道该如何回应美美的要求，"五年级的孩子可以自己去逛百货公司、看电影吗？"

"妈！求求你让我去嘛！"美美不停地说服妈妈，"其他的同学都去过了，只剩下我。她们都笑我像个小木偶一样，什么事都不会自己做！""可是，让你们自己去逛商场我真的很不放心。"妈妈回答。

"大家都这样，为什么我就不行！"美美开始掉眼泪。

"美美，我先打电话给小红的妈妈，"妈妈希望有更多时间和资讯来做决定，"你和小红是好朋友，我想看看她妈妈是怎么决定的。"

"你打电话来真好，"接到美美妈妈来电，小红的妈妈说，"小红和美美一样，吵个不停，说的话也都一样。我之前打过电话给李丽的妈妈，她的情形也一样。"

"那我们是不是该一起商量，看怎么处理这件事情比较好。否则，听孩子说起来，我们好像很不近人情，把她们当木偶一样操控在手里。"美美妈妈笑着说。

最后，妈妈们决定让孩子们星期六去逛百货商场2小时，晚上如果要看电影，必须有一个大人陪同。这样，大人也比较安心。孩子们被迫同意了，但她们完全没有了原来的兴致。

请记住，孩子不是用规矩约束就可以教得好的，也不是整天在你眼皮子底下就会学好的。外面的天空很大，他们具有天生的冒险意识，需要去自己闯一闯。不要总想着，可能会出错，可能会惹祸，毕竟敢于冒险的孩子是可爱的。试着站在他们的立场上，给予支持和鼓励吧！

赏识孩子的兴趣爱好

什么是天才？怎样才能培养出天才？有人说，天才就是毅力；有人说，天才就是勤奋；还有人说，天才就是入迷。但归根到底，天才源于兴趣。要知道孩子的头脑不是一个要被填满的容器，而是一把需要点燃的火把。

兴趣是孩子最好的老师，没有兴趣的孩子，其成长过程是不健全的，还可能导致心理疾病。日本著名教育家木村久一指出："制造凡人的方法是极为简单的，那就是不让孩子热衷于某一事物，只这一点就够了。对任何事物都不着迷，都不感兴趣，这就是凡人的特征。"每位教育工作者所要培养的，当然不希望是凡人；每位家长所期望的，当然也不会是凡人。望子成龙，这大概是家长所共有的心愿吧！

小陶陶生活在一个幸福的家庭，妈妈怀他的时候，爸爸就已经为他买好了钢琴。这不仅仅意味着家庭的富足,也表明了他的父母为孩子的将来设计了一条充满浪漫色彩的人生之路。可是小陶陶一直到5岁都没有弹过一次琴,他对这个庞然大物天生就没有什么好感。当他6岁的时候,父亲正式为他请了一位钢琴老师,可是只学了4个月就半途而废了。为此,小陶陶不知多少次遭到父亲的责备。

然而令父亲不理解的是,小陶陶无意之中却迷上了电脑,他玩起电脑游戏来超过了同龄人的智力水平。电脑绘画也是他的一项特长,有一次居然在学校里得了奖。这件事对父亲触动很大,他思索良久,后来他终于理解了孩子。从孩子的气质上,他发现孩子没有艺术可塑性,但将来却可以是个不错的工程师。

从此他没有强迫儿子练琴。

人们经常会听到这样的俗语:吃草的骆驼莫喂肉。说的就是:骆驼是吃草的,肉的味道虽然鲜美,但骆驼是不会高兴,也不会去吃的。同样我们对孩子进行教育也要奉行这个道理:即要贴近生活,按照孩子的兴趣、爱好来培养孩子。

在教育中时时注意提高孩子的兴趣,这几乎是每一个成人都懂得的道理,但并不是每位家长、老师在教育孩子的过程中都能做到的,也不是所有的成人在教育孩子的过程中都能得心应手地应用,原因是真正领会、弄懂并能运用这一真理的家长和老师并不多。

在我们的生活中经常会听到诸如此类的话,"我的小孩的确出问题了,他3岁时就认得2000多字,能背古诗40多首,会100以内的加法运算,亲朋好友都说是个'神童',可是一上小学,孩子开始厌恶学习,对学校教的不感兴趣。"这段话透露出家长对孩子失去学习兴趣的担忧。

为什么一个天真烂漫、热爱探索、想象力丰富的孩子上了小学后,反倒变成对基本的学习都没有兴趣了呢?是谁"夺"走了孩子的学习兴趣,让孩子到了小学就开始没有探索的欲望了呢?

这难道要归结为应试教育的失误吗?难道我们作家长的就一点责任都没有吗?回想一下,我们在培养孩子的兴趣方面都做了哪些努力?

读一读下面这则事例,然后你在细心反思自己的所作所为,也许就能够有所反省。

曾帅从3岁开始就是个故事迷,每晚睡觉前总要缠着妈妈讲故事,枕着一个个童话,一首首儿歌才能悄然入睡。妈妈给他讲了一年故事后,便鼓励他讲故事给妈妈听。起初,让他把给他讲过的故事再讲一遍,不完整的地方,就由妈妈来为他补上,由此加深他对故事的记忆,对情节的把握。渐渐地,又开始培养他自己编故事或儿歌,有意识地开发他稚嫩而独特的想象力。如今,6岁的曾帅已经成了能编会讲的小故事大王,故事可以随时就讲,儿歌更是可以张口就来。

为了进一步调动儿子创作故事的兴趣和积极性,妈妈采取了给他发稿费的办法。只要是他自己独立创作的故事、儿歌,经妈妈认可后,每个故事、儿歌发给 5 角钱的稿费,而且当场兑现。他所挣的稿费,完全由自己保管,自由支配。为此,妈妈有意"克扣"他的零花钱,在他想买东西的时候,就鼓励他自己挣"稿费"去买。

在这种情况下,大大地激发了孩子的"创作热情",小家伙开始开动脑瓜,积极主动地想故事、自编儿歌。每天晚上,妈妈用 1 小时的时间,审听他的"作品",一旦达到"发表"水平,就马上付费,绝不拖欠,既表明了家长的信用,又使他现场感受到了"成功"的喜悦。对一些还不够"发表"水准的习作,妈妈会及时给他提出意见,对有基础的作品,妈妈会启发式地为他提供修改建议,直到他"修改"成熟后,再发稿酬。

久而久之,曾帅编故事、儿歌的能力越来越强,挣的"稿费"也越来越多,有了自己的"存款"。有时,他一天就能编出几十个故事、十几首儿歌来。他用孩子独特的视角和感受,进入一个个童话世界,打开一片片儿歌天地,有时,大人都不得不对他刮目相看。

由此可见,作为家长,以一颗宽容的心赏识孩子的兴趣之源是多么的重要。

人最可悲的是一生对什么都没有特殊兴趣和爱好,孩子最不幸的是父母凭主观意志扼杀其兴趣和爱好。孩子的兴趣之苗一旦破土而出,作为家长就应该精心呵护,不要让其因"杂草"淹没而枯萎,更不要随意破坏它。因为"兴趣是最好的老师",兴趣可使一个人的智能得到最大限度、最持久的发挥。它一旦被点燃，将会迸发出无穷的潜力，甚至创造出天才，创造出奇迹！

赞赏孩子的人际交往能力

洋洋的父母总是对孩子们的待人接物采取一种不加干涉的态度。洋洋要和妈妈、爸爸去参加小徐叔叔的婚礼了。

在妈妈的帮助下，他仔细地打扮起来。不一会儿，一位风度翩翩、神气十足的小绅士来到了爸爸面前。浅色的礼帽，洁白的衬衣上打了个漂亮的粉红色领结，浅灰色的西服平整笔挺，一双漂亮皮鞋擦得油亮，戴上那双小巧精致的洁白的小手套，显得神采奕奕，大方得体。

这时，爸爸已经收拾完毕。两人对面一站，全都是标准的装饰。

"爸爸，你看我的打扮，行吗？"洋洋仰面问道。

"当然，我的小天使，你看起来棒极啦！小徐叔叔看了一定会非常高兴的！"

当他们来到小徐叔叔家里，主人早已在外边等候了。

"哦，我的小先生，你今天看起来好极啦！"小徐叔叔抱起洋洋说。

"谢谢，小徐叔叔！祝您和阿姨生活幸福！"洋洋非常有礼貌地和小徐叔叔交谈。

洋洋的爸爸和妈妈显然对此十分满意。当他俩交谈一会儿后，他们才献上自己准备的精美的礼物，表达出最诚挚的祝福。

现代孩子心理学研究发现，孩子到3岁时就开始想交朋友了，需要小伙伴，这就是他们的社会性的萌芽。

一个正在哇哇大哭的孩子，母亲怎么哄他也无济于事，如果这时过来了一个小朋友逗他玩，他立即就会破涕为笑的，这是因为小伙伴们之间容易形成一种"共鸣心理"，他们能相互接受对方的影响。

在这里，小伙伴所起的作用是大人所顶替不了的。这一关系等他们长到5岁时就显得更为重要了，这时他们就会有自己的"游戏集团"和"领袖"了，小伙伴们相处在一起，起到了很好的"孩子教育孩子"的作用，他们会在这里逐渐地了解到自己与他人的区别和联系，他们也开始认识到随心所欲、任性和以自我为中心，是肯定无法与其他孩子交往的，他们一定要严格遵守伙伴中的"法则"，要是谁违背了法则他就会被排挤，不受伙伴们的欢迎。

这样，他们就会逐渐从"自我"的思想中走出来，学会了谦让和互助，也会了解到自己的权利和义务。

小伙伴之间的关系往往都是十分密切的，它不仅满足了他们的心理发展的需要，而且满足了整个社会心理的需要，从这里他们发展了一种独立性和社会性，增强了那种自主能力和社会能力，为他们以后的长大成人，走向社会打下坚实的基础。

美国父母非常相信自己孩子的交往才能，他们会鼓励孩子学会通过电话问候爷爷奶奶，会带着孩子出席各种社会交往的场合。

当着别人的面,让孩子主动自由自在地交往,大大方方地接受礼物,真诚地感谢别人的赞扬和主动请求别人帮助。

这就是一个父母要做的。让孩子独立自主地交往,在人际交往中学会主动、大方和自信。要尽量地支持孩子们共同玩耍,一起活动,特别是当自己的孩子和别的孩子发生了争执或打架的时候,更不该感情用事,过早地干预。

其实,孩子们打架是一定难免的,如果他们在打架中碰了钉子,他们就会意识到相互之间应该多忍让,考虑一下他人的不同意见,为了使活动能够继续进行,他们很快就会解决这些纠纷,重新言归于好,从而获得了与他人相处的经验。

我们的孩子不正是在打了好、好了又打中慢慢地成熟起来的吗?

个体如果脱离了社会,他就不再是一个个体了。为了孩子更好的将来,让他们早早去自由地"闯荡世界"吧。

赏识孩子的好奇心

有一位作家说:好奇心造就科学家和诗人。满足孩子的好奇心,驱使孩子激发出对好奇内容的兴趣,是家长应该操心的重点。生活中孩子们的破坏行为很多,拆毁物品,屡见不鲜。

教育学家塞德兹给我们讲述一个这样的故事:

塞德兹的舅舅是个生活刻板严谨的人,极有规律,无论发生什么事，作息时间从不改变。但这么一个讲究纪律的人，却有一个最调皮捣蛋的儿子彼得。

彼得是个精力旺盛的孩子，成天都在不停地动，不知疲倦地摔碎器皿，弄坏东西，惹是生非。他与他的父亲是两个极端，因此两父子之间的战争一天之中不知要发生多少次。

有一次，彼得把祖母刚送给他的万花筒拆开了，想看看里面究竟藏了些什么，这自然会招致他父亲的愤怒。拆东西可算是彼得最大的爱好了，凡是让他感到好奇的东西，都逃不过被拆的命运，当然他也逃不过挨揍的命运。可是无论父亲多少打骂，他的这个毛病始终也改不了。

还有一次，彼得竟然把一块金表给拆开了，要知道这块表是彼得故去的爷爷留下来的遗物。他父亲一直十分珍惜，总是带在怀里，从不离身。不久前他还说表出了点故障，必须拿去修理，哪知还没来得及修，就被他这个调皮的儿子给翻了出来。现在这表被大卸八块，零件散落了一地。塞德兹的舅舅立即暴跳如雷，一耳光将儿子扇得坐在地上，接着他上去就是一阵拳打脚踢。

站在一边的塞德兹实在看不下去了，上前去抓住他的胳膊，高声说："请不要打了，你这样打孩子太过分了。"

他跺着脚说："你还护着他！你看他把我的表弄成什么样子。"

"彼得是弄坏了表，但是你认为一块表比自己的儿子更重要？"

这时，彼得抽抽搭搭地说："我没弄坏表……我……我只是拆开看看它哪儿出毛病了……"

塞德兹继续对他说:"不管彼得是修表还是拆表,你都不应该打他,你这一打,恐怕又一个'爱迪生'就这样被你给'枪毙'了。"

他愣了一下,问道:"我不懂你这话是什么意思。"

"就算孩子拆坏了金表,他也只是想知道金表里到底有什么,这是一种好奇心,这是有求知欲和想象力的表现,也是一种创造。如果你是一个明智的父亲,就不应该打孩子,而应该解放孩子的双手,要给孩子提供从小就能够动手的机会。"

那天彼得抽抽咽咽地哭了很久。他一个人坐在门前的台阶上,已经不哭了,可是眼睛里却充满了9岁的孩子不该有的忧郁神情。

"我现在该怎么办呢?"塞德兹的舅舅有些后悔。

"补救的办法还是有的,"塞德兹接着说道,"你可以和孩子一起把金表送到钟表铺,让孩子站在一旁看修表匠如何修理,这样,修表铺就成了课堂,修表匠成了先生,你的孩子就成了学生,修表费成了学费,孩子的好奇心就可以得到满足了。"

塞德兹的舅舅依计而行,小彼得果然开心地笑了。

教育的目的不在于形成习惯,而是要经常防止习惯的固定化,这才是教育最重要的课题。

然而,现行的教育是恰恰相反的,重纪律甚于重素质,把纪律看得高于一切。凡是遵守纪律的孩子,就被看成是好孩子,享受各种优待;一旦孩子违犯了什么纪律,不管是有心还是无意,一律视为大敌,非得严惩不可。人们常常不自觉地要用纪律去约束孩子，尽力使他们合乎规范。殊不知，一个合乎规范的孩子，可能就是一个完全丧失了好奇心的孩子。

这是一个极端的事例，但它同时也非常具有典型性。当孩子显露出某方面的天才时，我们的教育不但不加以引导和启发，反而首先是用纪律的条框去规整它，使它符合我们的习惯。这真是教育的悲哀。

天真的孩子对世界的一切都感到新奇，很多孩子都有好奇心，例如，牛顿因为苹果从树上掉落地而引起好奇，后来发现了"万有引力定律"；瓦特对滚水把水壶盖子掀起产生好奇，进而探究其原理，才有蒸汽机的发明，这就是科学家好奇心与求知欲的美谈。

孩子对所听到的、见到的、小手摸到的都觉得很新鲜，这也是一种经验，他们的知识是由不同的经验而逐渐扩大的，对于很多事好奇，因而产生疑问；疑问就是儿童智慧之芽，若大人不让他的疑问得到满足，无形中将会摘掉茁壮中的智慧之芽，是很可惜的。

在大多数情况下，孩子的许多"破坏"行为正是他好奇心的表现。比如，把玩具汽车拆开是因为他想知道汽车里面是什么样的，是什么会使汽车转动，如果把轱辘下来，汽车会怎样？孩子的头脑中充满了新奇的念头，于是他会毫不犹豫地付诸行动。因此成人不能轻率地将孩子的某些违规行为定性为"破坏"，而应该真诚地相信每个孩子都怀有良好的愿望。

所有成就的背后都有力量在支撑着,那力量来源于人的好奇之心。这些本是我们每一个人原本拥有的,但是随着岁月的流逝,有多少人还把它视为宝?

好奇是孩子的天性,在好奇心的驱使下,孩子逐渐走出母亲的怀抱,把玩触手可及的任何物体,不知疲倦地进行着探究。在这个过程当中,儿童获得了对于外界的最直接经验,认识到客观世界的一些基本属性。作为父母,应该尽可能多地为儿童提供探索的机会,让他们与外界进行亲密接触,让这些天生的"乐学者"延展探究的"领地"。这对于促进儿童的智力发展,养成良好的探索习惯很有好处。

孩子们的好奇可能会给父母们带来麻烦感,父母们要经常面临小孩子各种问题的"考验"。比如,"太阳和月亮会撞架吗?""星星有妈妈吗?""我从哪儿来?"等等。同时,这些孩子有一股"不屈不挠"的探索精神,愈是不让动的,他偏要去动。比如,他极有可能在刚装修好的房子里画一幅爸妈的"肖像"画;也可能会趁大人不注意的时候用手指头捅捅电插板感受一下,等等。遇到这种情况,许多父母都对孩子提出了"约法三章":不准动、不能摸、不要拿。久而久之,孩子就失去了探索精神。

心理学研究表明:孩子的心理发展还处于一个相对不平衡和不稳定阶段。他们对新生事物怀有好奇感和新鲜感,满腔热情,但遇到困难又有畏惧不前的现象,缺乏信心。因此,家长应为孩子创设一个民主、融洽的活动氛围,打消孩子的各种顾虑,使他们充满信心地轻装上阵,这是孩子"敢"动的前提。

所以,当我们的孩子在为一件成人们所不能理解的小事大伤脑筋时,请不要给他们"泼冷水"。让他们大胆去破坏吧!

欣赏孩子的善良和有爱心

如果在我们周围没有善良与关爱,那么这个世界将是一块凄凉之地。如果你仔细观察,你就会在许多地方看到,并会感受到善良与爱心的存在。例如在你的家里、左邻右舍、医院的候诊室、孩子的学校里,许多人正慷慨地付出时间、精力与金钱,帮助那些需要帮助的人。他们认为自己从给予别人的帮助中所得到的东西,远远超出从接受别人的帮助中所得到的。实际上,不论是给予者还是接受者,他们都从善良与关怀中获益。正是这一美德,将我们的社会牢牢地凝聚在一起。

8岁的小文和妈妈一起来到商店。当他妈妈正在商店购买晚饭食品时,他决定到商店外面去。这时他看到一位妇女,大约与他奶奶年龄相仿,提着满满的一包东西走向门口。出于本能,他紧走几步,替老奶奶打开了门,老奶奶对他的体贴报以热情的感谢。

不一会儿,一位年轻的母亲走过来了。她一手抱着婴儿,一手提着购物袋。小文再次敏捷地打开了大门,又得到真诚的感谢。后来,又走过来一位手端咖啡的男人、一位老年妇女、两个边走边聊的少年，小文为他们每个人开门，得到每个人的感谢。

小文想象到这些人心里的感受（即使他们都没有说出来），为此而激动不已。

17岁的小梁更了不起。小梁家境贫寒，他较早就帮父母挑起了生活的重担。经亲戚的介绍，他找到一份汽车修配厂的工作。然而，他在那儿刚刚干了两周，便被老板解雇了。回到家中，父亲问他为何被老板解雇，小梁回答说："有一位年轻人到汽车修配厂，取自己前几天送来修理的车。老板一见到这位年轻人，就告诉他说，他送来的车已修理好了。我知道老板在对他说谎，于是便如实相告。老板让手底下的修理工人所做的，只是简单调节一下化油器，而对于这辆车的真正毛病，并没有进行修理。"这位17岁的小伙子知道，来修车的年轻人计划在车修好之后，开车带着全家人前去旅游。如果自己不把实情告诉他的话，那么他的一家人在漫长的旅途中，时时都面临着危险。"我绝对不能让他们出事，哪怕我因此而丢了饭碗。"这位小伙子说道。

父亲眼里闪着光，说道："小梁，你做得好！"

哥伦布大学德育中心主任、儿童心理学家迈克尔·斯卡尔曼说道："如果我们富于同情心，那么当别人处于危难境地时，我们就有一种帮助对方的强烈冲动。"斯卡尔曼把青少年们的美德，归功于他们能够设身处地为他人着想——同情他人。

儿童发育心理学家指出，同情心实际上包括两个方面：对他人的情感反应和认知反应。前者一般在孩子6岁之前发育成熟，后者决定较大孩子理解他人观点和感情的深浅程度。

婴儿1岁前就有对别人的情感反应。如果旁边有孩子哭，婴儿会不断地转向他，并时时随之一起哭。儿童发育心理学家马丁·霍夫曼把这种现象称为"全球同情心"，因为这时孩子还不能区分自己和世界，因而把别的孩子的痛苦视同自己的。

1～2岁时，进入同情心发育的第二个阶段，孩子能清楚地分辨自己和他人的痛苦，并且具备了试图减轻他人痛苦的本能。

6岁时，孩子开始了同情心发育的认知反应阶段，具备了根据别人的想法和行为来看待问题的能力。这种能力使得孩子们知道什么时候该去安慰正哭泣的同伴，什么时候该让他独处。认知同情心无须交流（如哭泣等），因为他们内心明白痛苦时的感受，无论这种感受是否表现出来。

到10～12岁时，孩子们的同情心从认识的或直接看得到的人身上扩展到陌生人身上。这阶段被称作抽象同情心阶段。孩子们对处于劣势的人，无论是否生活在同一社区或同一家庭，都能表示同情。如果孩子对他人表现出仁慈和无私，那么我们就可以说他们已经完全掌握表达同情心技能了。

千万请记住，善良与仁爱是每个正在成长的孩子生命中最基本的要素。透过他们的善良，孩子为世界贡献了一分力量；透过他们的爱心，孩子优化了自身的品格。爱心需要长期培养，它们也能使我们更趋成熟。

赞赏孩子的自我表现欲

一个三口之家来到餐厅用餐,服务生先问母亲要点什么,接着问父亲要点什么,之后问坐在一边的小女儿"亲爱的,你要点什么呢?"

女孩说:"我想要热狗。"

"不可以,今天你要吃牛肉三明治。"母亲非常坚决地说。

"再给她一点生菜。"父亲补充道。

服务生没有理会父母的提示,目不转睛地注视着女孩问:"亲爱的,热狗上要放什么?"

"哦,一点西红柿酱和黄酱,还要……"她停下来怯怯地看一眼父母,服务生一直微笑着耐心等着她。女孩在服务生的目光鼓励下说:"还要一点炸土豆条。"

"好,谢谢。"服务生转身径直走进厨房,留下两位半张着口、吃惊不已的父母。

"你们知道吗?"女儿避开父母的目光,望着远处轻声细语地说:"原来我也没当真的。"

可以想象,这个服务生带给女孩的不单单是平等,更多的是自信。

在美国,鼓励孩子表现自己,是一种常识。家长对孩子常说的话是:"你是最美丽的、最聪明的孩子,长大后一定会当总统!""失败怕什么,这次不成,下次不就成了嘛!""啊,考了80分,不错啊!比老爸当初强多了。"更多的是从家长的嘴里吐出"孩子,我为你骄傲"之类的话。

然而,在我们中国人的生活中却经常看到这样的情形:

当2岁的孩子要帮妈妈收拾桌子,妈妈会不耐烦地夺过碗碟:"小宝贝,你会把碟子摔碎的!"为了不使碟子破碎,结果却使孩子的自信心破碎。

3岁的孩子在自己穿鞋。"来,儿子,妈妈给你穿,你穿得太慢。"妈妈抱过孩子,三下二下系好鞋带。面对妈妈熟练的技巧孩子感觉到自己的不足。

4岁的孩子看着妈妈给花浇水,他走过去,小心翼翼地拿起水壶,想要帮助妈妈。"别动,孩子,"妈妈说,"把水洒到身上了,让妈妈干吧,你还小着呢。"

妈妈无意识地打击了孩子的自我表现欲,她使孩子认识到自己是多么渺小,降低了孩子对自我能力的认识。

在一个孩子的成长过程中,接受鼓励而产生自信心是非常重要的成长内容。

在孩子的幼年时期,面对着大千世界,他们常常感到束手无策。但是,仍然有勇气进行各种尝试,学习各种方法,以使自己适应,使自己能够融入这个世界中。但是在这个时候,作为成年人的父母往往无意之中给他们设置了许多障碍,而不是帮助他们。父母这样做的根本原因是不相信他们的能力。

在大人的意识中已形成一定的偏见，如2岁的孩子如果帮助你拿盘子的时候，你对他说："不要动它，你会打碎它的。"这样你虽然保全了那个盘子，但是你的举动在他的信心上投下了阴影，而且推迟了他的某种能力的发展，或许你阻止了一个小天才的产生。大人们常常不经心地向孩子们展示自己多么有能力、有魄力、有气力。大人的每一句话，像"你怎么把房间搞得这么乱"，"你怎么把衣服穿反了"这类话，都是在向孩子们显示他们是多么的无能，是多么的缺乏经验。这么做只会使孩子们慢慢地失去信心，失去了自己努力去探索、去追求、去锻炼自己的自觉性。

作为家长常常还有一种先入为主的概念，认为孩子到了某种年龄，才能做某种事情，否则的话，他就是太小，太缺乏能力，不能做这类事情。但是往往孩子在那个时刻是可以做得很好的，但是大人却人为地推迟了他学会本领的时间。而这种做法，无一不使孩子失去自信，怀疑自己的能力，减弱他们的进取心。这些消极思想可能会影响孩子的一生。

孩子的自信程度是表现在他的行为中的，如果孩子缺乏对自己能力的自信，对自己价值的信任，那么他所表现出来的就是缺乏效率、缺乏积极主动性，他不会通过积极参与和贡献，来寻找自己的归属感。没有自信的孩子会很轻易地放弃任何努力，表现出自己是无用的，而且有时还故意做出逆反的事情，这样做的原因是他认为自己是无能的，不能做出任何有意义的贡献，是没有价值的，那么还不如做些恼人的具体事情，这样起码能得到别人的注意。

你对孩子的赞许和鼓励是至关重要的，你对他们的反应有助于形成他们的自尊。当你信任你的孩子，并让他体会到自己是一个有价值的、有能力的人时，孩子会渐渐坚信自己具备这些品质。你的反应对孩子来说，像一面镜子，可以反馈给他一个关于他自身价值的积极信息。在鼓励孩子尽其所能地坐、爬、走、交友、分享与他人的快乐，以及学习的同时，也是对其知识、才能毅力以及成绩的具体的、积极的肯定。他愈有成就感，就愈有信心。自信的增长不仅仅来自有心的家长经常给予的表扬和鼓励，而且来自他对自己的能力和自身价值的信念。

尽情地鼓励孩子表现自我吧，因为都正是他们成长的过程。

第五章 世上没有坏孩子

DIWUZHANG

让叛逆的孩子走向从容

家长命令孩子做事儿,或强迫孩子去做,是在显示家长的权力,而这种权力也就是身份、年龄或体力的差别,孩子当然不能在这些方面去和大人相比。家长这样做就导致了权力之争,这并不表示家长不能引导和影响孩子做正确的事儿,只是意味着家长应该找到不同的、更有效的方法。

对这件事的正确的处理方法应该是父亲对丽丽洗不洗衣服不再发表意见。

当父亲把洗脏衣服的事交给她的时候,就承认了丽丽已经足够大了,可以自己做这件事了,不再需要自己操心了,洗不洗衣服是丽丽自己的事。

如果丽丽不洗,她就穿着脏衣服。一个女孩子实际上很小就开始爱打扮,爱干净了,她知道什么是美观漂亮,什么是邋遢肮脏。

她不可能老是穿着脏衣服,可是她也不希望父亲干涉,一大堆脏衣服放到洗衣机旁,是对父亲对她干涉的抗议。许多家长在不能行使有效的教育手段的时候,就去运用权力强制孩子听话,这是非常武断的,对孩子的心理会造成很坏的影响。

在一个充满权力斗争的家庭里,不会有欢笑,不会有理解,不会有沟通，当然也不可能会有好的教育效果。所以，当孩子无法理解父亲的建议时，何不先顺从他一下，让他自己去承担后果呢？

一天，11岁的儿子对赵先生说："我想把头发一侧剃成双条式。"作为父亲，赵先生并不喜欢儿子留这种发型，但他知道，这并不危及生命、道德以及健康，而且头发会重新生长出来。于是，他对儿子说："我不喜欢这种发型，不过，如果这是你的决定，我可以忍耐。"

赵先生带着儿子去了发廊，美发师给赵小成洗头的时候还评论他的头发很漂亮，然后赵小成描述了他想要的发型。美发师惊奇地问赵先生："把你儿子头发的一侧剃成双条式行吗？"赵先生回答，他并不喜欢这种发型，但那是他儿子的决定。

就这样，美发师剃去了赵小成一侧的头发，其中保留了两条，并尽量使这种发型在第一天显得好看。可是第二天早晨，赵小成就对他那一面倒的头发无能为力了，他的姐妹只好努力给他喷上发胶和摩丝，以使他能出去见人。

那一年，儿子勉强保留着那种发型，后来又换了七八种更有趣的发型，上了七年级后，就开始留传统的发型了，并且再也没有改变过。

你不必为孩子的反常行为而忧虑，因为这是一种正常现象，你的孩子进入了反抗期。

孩子进入反抗期以后，最典型的反应就是顶撞父母。在父母看来，一直对自己言听计从、老老实实的孩子，忽然间变得判若两人，事事都要与自己对着干，有时不免就会大动肝火。以前只要批评几句，孩子就会默默接受。可现在就不同了，你越是极力想控制他，他越是反抗。以至于有些家长感到纳闷："为什么事事都要对着干呢？"当家长提醒他时，他反而振振有词："妈妈您不也在做着同样的事情吗？为什么只说我？"反倒指责起自己的父母来了。即使再有耐心的家长，听到这些话，也会勃然大怒。

但是，冷静地想一下，父母也并非完美无缺。而且，能看到父母的不足，说明孩子已经具备了对事物进行评判的能力。所以，与其生气，倒不如说我们应该感到高兴。事实上，在我们不经意中孩子已经在一天天地长大，一天天地走向脱离父母的属于自己的人生轨道了。顶撞父母意味着孩子的成长，我们没有必要悲观，而应感到高兴。

反抗是孩子精神成熟的重要标志。从根本上讲，孩子自立、有主见就意味着要脱离父母并且开始具有与父母相异的想法。当然，其中有些想法可能会与父母近似。然而，即使这样，他也不会囫囵吞枣地听信父母，而是将其纳入自己的思维框架中进行选择，接受自己认为可以接受的部分。

在孩子的反叛阶段，他们总是尽一切办法摆脱家长的束缚，确认自己的个人身份。这个时候，压抑他们的这种想法，会把孩子封闭起来，或使他们走向更为严重的反叛。不妨顺其自然，给予他们足够的尊重和自我价值感，这样，孩子们早晚会知道什么是好的，什么是不好的。孩子再长大一点，长成真正的大人以后，他就能够站在别人的立场上去思考，就能够理解、认同别人，对问题的反应也会变得十分从容。

让说谎的孩子走向诚实

几乎所有的孩子都会在这种或那种场合讲假话，但是他们说谎的原因并不完全相同。因此，我们在看待某个孩子说谎以前，首先得弄清谎话的起因。

（1）家长的管教比较严厉，孩子想逃避责备。

有一些家长对孩子的要求比较严格，这是好的，可是凡事都有个度，过犹不及，如果对孩子太过分，太严厉，动辄对孩子非打即骂，使得孩子见到父母就如同老鼠见了猫。此情况下，当孩子做了错事，怕被父母责备，往往想通过一句谎言来避免一顿"皮肉之苦"。

（2）孩子的虚荣心作怪。

有一些孩子为了满足自己的虚荣心往往容易胡编乱造，瞎吹瞎说。对于这种自我夸大的谎话，家长有必要找出出现此种不正常心理的原因，使之确立起坚定的信心，如孩子未能取得理想的成绩，家长对孩子的清规戒律过多，而使孩子的内心深处受到了压抑等。如属于上述情况，家长须全面地修正对孩子的态度，并给予孩子经常性的鼓励。

在弄清了孩子的说谎的原因后,家长在处理孩子说谎时,不该充满一触即发的火药味,更不应显出一种剑拔弩张之态,而应心平气和地疏导和教育,有的放矢地对孩子进行矫治。矫治的方法主要有以下几条:

(1)抓好第一次。

如果孩子仅是第一次说谎,父母必须把它当作一件大事来抓。在弄清说谎的缘由和动因后,应动之以情,晓之以理,分析说谎的危害,指出问题的严重性,并明确表态:"下次不能再说谎。"总之,要让孩子留下深刻的印象:说谎是不对的,下次不能再说了。只要抓好了第一次,就能刹住车。

(2)重视屡教不改的孩子。

对那些屡次说谎的孩子,父母必须引起高度重视,因为这是关系到孩子道德品质的大事,弄不好会成为孩子走上违法犯罪道路的开始。因此父母要认真分析其说谎的原因,摸准其说谎的规律,要多花点功夫,不要轻信孩子的话,稍有怀疑,必须马上核实孩子话是否真实,如是谎言,应予及时揭穿。要让孩子知道谎话骗不了父母,就只好说实话。否则孩子就会觉得父母是"好骗的""可欺的",继而胆子就会越来越大,谎话也就越说越多。

(3)改变专制,创造民主和谐的家庭氛围。

父母的不信任往往是孩子谎言的温床。因此,家长一定要民主、平等地对待孩子,让孩子敢于说实话。有时即使孩子做了错事,只要孩子认错了,就不应再痛骂、毒打,因为孩子犯点错误是在所难免的。家长对孩子因一时疏忽而出现的后果反应过于严厉，就可能使孩子失去对家长的信任。家长对孩子的怒骂、惩罚常会适得其反地惹起更大的麻烦。

总之，家长对孩子撒谎行为的态度，会决定孩子是否会成为一个诚实的好孩子。只要家长对问题处理得当，引导有方，孩子一定会从撒谎走向诚实。

让胆小的孩子学会勇敢

兵兵今年已经4岁了，爸爸妈妈都是做生意的，家里的经济条件不错。以前因为工作太忙，爸爸妈妈经常在外地出差，就把兵兵放到了爷爷奶奶家，让爷爷奶奶照顾。爷爷奶奶很疼兵兵，平时，兵兵就睡在爷爷奶奶中间，无论什么时候，都会留下一个人陪着兵兵。由于怕别的孩子欺负兵兵，更怕会出现什么不测的情况，爷爷奶奶很少带他出去。只是在晚饭后，小区里的人稀少时，才会带他出去转转。

兵兵很怕生，赖在爷爷怀里，不肯到地上走，如果遇到爷爷的熟人，兵兵就把脸埋在爷爷怀里，不敢抬头，一个劲儿地拉爷爷的衣服，不让爷爷和别人打招呼，或者在爷爷耳边催爷爷快走。

兵兵4岁的时候，他的爸爸妈妈把生意的重心挪到了本市，在郊区买了别墅，把兵兵接到了自己身边。

第一天晚上，妈妈让兵兵自己睡，兵兵哭得上气不接下气地不愿意，兵兵爸爸硬着心肠想让他自己睡。兵兵干脆躺在地上大哭起来。

"算了，干脆今天就让他睡在这吧，明天再说。"兵兵妈妈心疼了。听妻子这么一说，兵兵爸爸也只好同意了——毕竟，孩子小的时候，没有很好地陪过孩子，现在就当是补偿吧。说是只有今天这样，但每一天都是今天，兵兵就这样在爸爸妈妈中间睡了下来。兵兵倒是开心了，可爸爸妈妈心里却有种隐隐的忧虑。

现在，兵兵晚上不寂寞了，可白天还是需要有人照顾。

为此，兵兵爸爸特意请了位家政服务员。

家政服务员刚来家里上班时，兵兵一直躲着他。爸爸妈妈在场时，他就躲到爸爸妈妈身后，不在场时，就躲进自己的游戏间，反锁上门，无论家政服务员怎么敲门，都不肯出来。中午的时候，他的肚子饿了，家政服务员把香喷喷的饭菜端到桌上，可他就是不肯出来。

家政服务员没办法，只好给兵兵的爸爸打电话，说明情况。兵兵爸爸让兵兵接电话，但是兵兵不肯出来听。家政服务员只好把子母机电话的子机，隔着门缝递给他。听到爸爸声音，兵兵一下子就哭了："爸爸，我怕，我饿……"

兵兵爸爸认为，家政服务员可能和兵兵不投缘，没办法，只好又换家政服务员。一连换了四五个，每一个的情况都大同小异。兵兵父母商量了之后，决定兵兵的妈妈不再做生意，回到家里来，安心做全职妈妈，外面的生意，由兵兵的爸爸全面料理。果然，妈妈回到家里之后，兵兵如鱼得水，活泼可爱的天性一下子显露了出来。

兵兵妈妈觉得，孩子总在自己身边，不接触其他人的确不是个办法。因为她曾经带着兵兵去她的一些朋友家里，本来以为，兵兵会和朋友家的孩子也成为朋友，会很快就玩到一起，可是，她发现自己的想法错了，兵兵根本不理会别的小朋友，只顾着自己躲在妈妈背后。

"这孩子，会不会有点自闭啊？"朋友轻声提醒兵兵妈妈。

兵兵妈妈吓了一跳，真信了，想带兵兵去医院检查，可兵兵根本不愿去医院。兵兵妈只好自己在网上查了些资料，发现自闭的孩子，不但是在外人面前沉默不语，就算是在自家亲人面前，也是一样。可兵兵并不是这样的，在家里人——爷爷奶奶，爸爸妈妈面前，他可活泼了，只是在外人面前，才会有惊吓的表现。

兵兵妈妈和爱人商量后，决定把兵兵送到幼儿园去。

在幼儿园门口，兵兵哭着喊着不愿松开爸爸的手。妈妈看着兵兵撕心裂肺的样子，真想放弃，带着他回家算了。可想想孩子以后的发展，再加上幼儿园老师一个劲地说："没关系，孩子刚入园，头几天都是这样的，过了这段时间就好了。"所以还是狠狠心，把兵兵留在了幼儿园。

兵兵妈妈的确是狠下心来了，可是不出3天，幼儿园方面就给她打来电话，让她一定要把兵兵带回家去。原来，兵兵自从进了幼儿园，就躲在墙角落里，谁也不理，谁也不睬，不参加小朋友的活动。老师用了很多办法,想让兵兵和小朋友们一起玩,可兵兵就是不理人,躲在那里,不吭不响。

兵兵妈妈没办法,只好把兵兵带回家。

回到家里,兵兵渐渐地回复如初,又活泼开朗了起来。

兵兵妈妈感到非常苦恼:兵兵如果继续这样下去,以后怎么上学呢?

那么兵兵的家长应该怎么办呢?专家指出,指导、帮助孩子克服胆小的毛病,应从以下几方面入手:

(1)对孩子胆小问题有清楚的认识。

家长要了解造成孩子胆小的原因、胆小的主要表现、胆小是可以转变的,并树立转变孩子胆小的信心,认真设计具体措施,而不是简单的说教。特别是家长要认识到自己的责任,从转变自己的教育行为开始。

一般来说,造成孩子胆小的原因,家庭教育的影响比较大,有些父母为了管教孩子,经常说一些威吓的话,比如"你不听话,就把你送给坏人""不许到处乱跑,小心捡垃圾的把你骗了去",等等,这种"大灰狼式"的话语无形中给孩子造成一定的心理压力。孩子会认为外界环境危机重重,首先就产生了防备心理或者逃避心理。

家长过度保护孩子,也容易让他们变得胆小:不放心孩子独自在家、独自出门,做任何事情都得在父母视力范围内才放心。有个12岁的小男孩到现在都不敢独自乘公交车,即使是家门口就有直达公交车，家人也不放心。其实正是这种"保护伞"导致了孩子的胆小。

（2）采取有针对性的教育措施。

孩子胆小，总有认识和行为两方面的问题，因此，既要解决认识问题，又要解决行为训练问题，二者相辅相成。

父母不要把"保护伞"撑得太大，有些事情不能替孩子做一辈子，而且孩子的独立能力也是在潜移默化中培养出来的。所以从小就该给孩子一定施展空间，让他们自己去闯闯。不过得重视方式，例如对不敢独自睡觉的孩子，刚开始父母可等孩子睡后再将其抱回小床上，或者孩子睡觉的时候开盏不太亮的壁灯，这些都可以让孩子渐渐适应黑暗。平时父母也可以以诱导的方式教育孩子，比如以孩子为原型编个"不敢独自睡觉的孩子"的故事，让孩子自己解答该怎么办，然后再让他们自己照着做，这比直接对孩子说教的方式要好。

比如孩子不敢在生人面前或在班级里讲话，要告诉孩子，只要想好了说什么，怎么说，大胆去说，任何人都是欢迎的。别的小朋友能做的事，你必能做到，而且能做得很好。孩子有准备地迈出第一步后，及时肯定，第二步，第三步就好办了。

为了让孩子在班级大胆发言，可先请几个与孩子关系较好的小朋友到家里来，练习讲小故事，一人讲一个。事先帮助孩子准备一个简短故事，讲了一次，下次就会勇敢一些。然后跟老师联系，请老师在课堂上提问他，事先让孩子准备好，回答之后，教师会表扬他,而且提出希望,下一次孩子就会跃跃欲试。也可以在孩子预习功课时,让他写出几个不懂的问题上课提问。班上有联欢活动时事先与老师联系,让孩子准备一个小节目,或者参加一个集体节目,得到锻炼机会。

为了让孩子培养自己办事的胆量,可以选择孩子能办的一件事,告诉他应该怎样办。他自己不敢去办,家长不妨陪他去,事情由孩子办。由小事到较大的事,由简单的事到较复杂的事,几次下来,孩子的勇气和能力就增强了。

总之,要针对孩子的问题,先讲道理并鼓励他,然后设计出具体的方案。只要家长下功夫,胆小的孩子一定会走向勇敢!

让任性的孩子懂得合作

婷婷是个公认的"怪人"。她语言表达能力差,为一件事能哭闹半天。外婆曾为她冬天要穿夏天的裙子而同她"斗争"2小时,但最终还是以外婆的妥协而告终。

亲子之间是一种很奇特的关系,一方面相互依恋,一方面又互有攻守,有些像打仗。具体到任性这个问题,同样可以看到类似的进退攻守关系,孩子不断任性胡闹的过程,就是家长不断丧失权威的过程。

不少父母都有这样的烦恼:"我的孩子太任性,应该怎样教育他?"有的家长甚至说:"我的孩子是天生的拧种,真没办法。"

就绝大多数孩子来说，任性不会是天生的毛病。那么，孩子任性是怎样造成的呢？

意大利著名教育家蒙特梭利说过这样一段话："对成人而言，儿童的心灵是一个难解之谜。我们应该努力地探寻隐藏在儿童背后的那种可理解的原因。没有某个原因，某个动机，他就不会做任何事情。一个成人若想找到这些谜底，他必须对儿童采取一种新的态度，增强对儿童的责任感。他必须成为一个研究者，而不是一个迟钝麻木的管理者或专制的评判员，现实中成人以管理者或评判员身份对待儿童的情况实在是太多了。"

蒙特梭利的话为我们提供了一个全新的思路：希望我们的父母暂且放下牢骚和埋怨，要努力读懂孩子的任性，解开他们任性背后的心理之谜。

（1）模仿别人的结果。

任性！不是天生的，但孩子的模仿能力却是天生的。在家庭里或亲友当中有人任性，孩子曾不止一次亲眼看到任性的表现，而且可能得到了不错的结果。于是孩子就会模仿，学着表现任性。有的成年人也任性，孩子同样会模仿。爸爸、妈妈，任何一方有明显的任性行为，都会直接影响孩子。

（2）家长迁就的结果。

有些孩子任性，是家长迁就的结果。对孩子的要求一味地满足，不分清对与错，不管合理不合理，孩子要什么，父母就满足什么，可谓百依百顺。尤其是孩子小的时候，家长觉得孩子小，不懂事，对不合理的要求，也迁就他，如：要什么买什么，偏食、零花钱……几次之后，孩子就形成了心理和行为定势。

（3）源于父母过于民主。

对于年龄较大的孩子，可以以理服人，而对于年纪尚小的孩子，带有强制性的教育管理仍是必不可少的。因为年纪较小的孩子，还缺乏足够的经验和判断力，在生活中有许多地方需要依赖父母的指导，如果对其过于民主，很容易把孩子宠坏，使其变得固执、任性、为所欲为。特别是学历层次较高的家长，把家庭教育中的"民主"管理看得很重，不管大事小事都寄希望于"晓之以理"，结果是理没谈成，孩子却被惯坏了。

（4）源于家长对孩子过度严厉、不尊重孩子。

有的家长对孩子要求过于苛刻，孩子难以达到，产生逆反心理和抵抗行为，久而久之，变得任性。还有的家长不尊重孩子，动不动就贬斥孩子，甚至在外人面前也随意责备，孩子为了保全自己的面子，产生任性对抗行为。

怎样使孩子由任性变得不任性呢？要想教育好孩子，使孩子改掉任性的坏习惯，必须：

（1）站在孩子的立场。

当孩子出现任性行为时，一定要把自己放在孩子的位置上，看其行为是否可以理解，每当他任性时，有这样一个诀窍：就是在做一件他不情愿干的事时，先征求他的意见，想办法让他点头同意。

（2）遵循教育统一的原则。

只有家庭成员对孩子的教育互相配合协调一致，有统一的认识和要求，就能取得良好的效果。特别是爷爷、奶奶千万不要在孩子父母批评孩子的时候出面袒护、干涉，那样孩子有了"保护神"，就会更加肆无忌惮。聪明的父母会避开孩子单独商讨，以求在达到意见的统一后再对孩子进行教育。

（3）转移孩子注意力。

比如当孩子吵着、闹着要只猫，可带他到公园去看老虎，威武的老虎也许会把他的兴奋点转移开，使他从任性中解脱出来。

（4）必要时，来点"惩罚"。

比如：对他的哭闹，谁也不理睬，实行"冷处理"，即使他不哭不闹了也要坚持"冷淡"他一段时间，待他沉不住气主动同大人接近时，抓住这个时机，严肃地指出他任性不对，让他保证再不这样做。只有这个时候，批评才是有效的。

认真做到以上四点，不管多任性的孩子都会变得乐于合作。

让依赖父母的孩子学会自强

曾经听说过一个故事：一位母亲为孩子操心，最后不得不去找心理问题专家咨询。专家问，孩子第一次系鞋带的时候打了个死结，你是不是不再给他买有鞋带的鞋子？夫人点了点头。专家又问，孩子第一次整理自己的床铺，整整用了1小时，你最后就亲自替他整理了，对吗？

夫人说没错。专家又说道，孩子大学毕业了去找工作，你动用了自己的关系和权力帮他。这位母亲很惊愕，问专家说：你怎么知道的？专家说，从那根鞋带知道的。夫人问，以后我该怎么办？专家说，当他生病的时候，你亲自带他去医院；他要结婚的时候，你给他准备好房子、车子和足够的钱送去。别的，我也没办法。

为什么专家也没有办法，就是因为这位家长的做法早已经偏离了教育的本质目的。雅斯贝尔斯说过："所谓教育，不过是人对人的主体间灵肉交流活动，包括知识内容的传授、生命内涵的领悟、意志行为的规范，并通过文化传递功能，将文化遗产教给年轻一代，使他们自由地生成，并启迪其自由天性。"

一个最明显的事实，即许多国家已把学会生存确定为教育的基本目标和内容。有一本书叫《学会生存》，自从问世后，已被译成23国文字，对各国教育的发展产生了不可估量的影响。毫无疑问，对于中国这样一个发展中国家，对于约6600万独生子女，学会生存是何等的紧迫！然而，众多的独生子女家庭，却忽略了学会生存还有更丰富的内容。

不少人可能看过《我们的留学生活》这部电影，这是根据现实中的一个事实改编的一个电影。当主人公的父母看到这部片子时，泪流满面。为什么？

电影中有这样一个情节：主人公小伙子到一个饭店要了两份

饺子，他说："别以为我天天都能来此打牙祭，这是我吃了一个星期的方便面节省下的钱。虽然这饺子不如我妈妈做得好，但我已经很满足了。"他还强调说："在这一点上，我不得不怨妈妈，她没教会我包饺子，没教会我生活。在日本，我最大的问题不是学习，而是自己不能好好地照顾自己。"

　　主人公的父母看到这里流下眼泪。当然，这泪不是因孩子学业上的成功，而是为他们生活上的失败而懊悔，他们没有在孩子小时候教会孩子该学会的东西，连基本生活是什么孩子都没有感悟过。

　　现在的社会充满竞争，"仅有知识和态度是不够的，行动和技能才是决定因素"，那些没有独立性、创造性，动手能力差的人必定难以立足。孩子是在一定的环境中成长的，要培养孩子的动手能力，在提醒孩子"自己的事情当然自己做"的时候，就要放手锻炼，让他们"学会生存"。

　　有这样一位家长一直比较忙，经常出差，没有太多时间管女儿，所以，女儿很小就开始自己照顾自己。他们家的零用钱都放在一个抽屉里，旁边放一个账本，谁需要用钱就自己拿，然后在账本上记下买了什么东西、多少钱，每个月结束后再对账。从她的女儿上小学时起，她就自己在抽屉里取钱用，然后记下来，到月末和她们一起对账，结果这竟然提高了孩子的数学成绩和算账能力。

　　孩子上了初中后，她的妈妈就将她的伙食费、书本费和零花钱合在一起,每个月给她一次,并告诉她"如果不够就少用点,节省下来的则可以自己存起来"。慢慢地,她的女儿不但学会了打理自己的生活,一到家长的生日,还有母亲节、父亲节这些节日,孩子还用自己存下来的钱给他们买礼物,让他们特别感动和骄傲。

现在,理财已经成了这个13岁女孩子的强项。遇见商场打折,她总能很快地计算出比较合理的购买方式,她妈妈的一些比较糊涂的朋友们都喜欢"借"这个女孩去一起逛街,好帮她们理清"糊涂账"。

看了这则事例,家长们是否有所觉醒。大胆地放手吧,不要舍不得花时间让孩子自己做,更不要舍不得让孩子自己的事自己做。养儿育女的最终目的是协助他们逐步脱离我们的生活,成功建立自己的生活。

记得,一份资料上曾提到3岁大的孩子可以把自己的房间收拾干净,6岁可以用吸尘器清扫房间。10岁的孩子每天应该做45分钟家务,另外,星期六又加2小时。18岁时,孩子应该已经懂得如何持家了。他们应该懂得洗熨衣服,弄简单的东西吃,清洁浴室等。所有这些训练不但为孩子长大成人做准备,更可让他们懂得感激父母在照顾家庭方面所付出的心血。

著名作家刘墉说:难道因为爬山危险,就不让儿子去爬山吗?你要想好,是培养一只乖猫睡在你腿上,还是培育一个独立于天地之间的男子汉?……养儿子就要让他志在四方,放开双手,让他走出去,让他走得稳。让他吃苦,并不一定要把他放到艰苦的环境中去，而是给他一颗能够感受生活的心。

自立自强的习惯对于人的一生是至关重要的。而一个人习惯的养成又和儿时的生活有着千丝万缕的联系。俗话说："种瓜得瓜，种豆得豆"。哪一个家长不想让自己的孩子从小就"种下"一棵好习惯的种子！

让自卑的孩子走向自信

杨振宁说："美国教育注重培养自信心，中国学生常常缺乏自信心；美国学生常傲慢自大，中国学生常谦逊退让。"这也许就是中国的教育应该思考的问题。

有一句教育名言是这样说：要让每个孩子都抬起头来走路。"抬起头来"意味着对自己、对未来、对所要做的事情充满信心。任何一个人，当他昂首挺胸、大步前进的时候，在他的心里有诸多的潜台词——"我能行""我的目标一定能达到""我会干得很好的""小小的挫折对我来说不算什么"……假如每一个小学生、中学生，都有这样的心态，那么他们的前途还用得着家长和老师操心吗？

有位哲人说："自信心是每个人事业成功的支点，一个人若没有自信心，就不可能大有作为。有了自信心，就能把阻力化为动力，战胜各种困难，敢于夺取胜利。"

有一则古老的印第安人的传说：一天，一个印第安小孩拾到一只鹰蛋，把它放进鸡窝里，后来小鹰和其他小鸡一起孵了出来，并一同成长。它无论做什么事情都和其他鸡一样，平日也在土里刨食吃。有一次，它看见一只大鸟在空中飞翔，那金黄的翅膀有力的一振就能冲入云霄，小鹰羡慕不已，向鸡一打听，才知道那是鹰。于是，它也想像鹰一样到高空去翱翔。但却只能拍打几下翅膀，抖抖羽毛，怎么也飞不起来。以后，它也不再想锻炼高飞，慢慢地老死了。

既然是鹰，本来可以到高空飞翔。可小鹰为什么飞不起来了呢？这主要是缺乏自信心和艰苦的磨炼。我们把这种原本有好的素质，却由于不利环境的影响，而造成缺乏信心和锻炼，最终惨败的现象叫作"鸡孵效应"。

美国一位学者说过：自信是能力的催化剂，信心能把人的一切潜能调动起来，并将身体各部分的功能调整到最佳状态。这种调动和调整如果不断发挥，它将能巩固成为人的一种本性，从而终身受益。许多成功者身上，都有这种自信的力量。他们在自信力的推动下，总是向自己不断提出更高要求，即使失败也不气馁，并鼓励自己继续努力，直至取得成功。一个缺乏自信心的人，便缺乏在各种能力发展上的主动积极性，而主动积极性对刺激人的各项感官与功能及其综合能力的发挥起着决定性的作用。

自信靠的是什么？我们认为，孩子自信心的培养，尤其需要来自父母和教师、朋友的激励。激励能扬起孩子自信的风帆。

学会适时鼓励孩子并不是一件容易的事情，每一个做家长的都要仔细地研究与思考，如何去鼓励孩子，养成经常反思的习惯。孩子的自信程度是表现在她的行为中的，如果孩子缺乏对自己能力的自信，对自己价值的信任，那么她所表现出来的就是缺乏效率、缺乏积极主动性，她不会通过积极参与和贡献，来寻找自己的归属感。没有自信的孩子会很轻易地放弃任何努力，表现出自己是无用的，而且有时还故意做出反其道而行之的事情。这样做的原因是她认为自己是无能的，不能做出任何有意义的贡献，是没有价值的，那么还不如做些恼人的具体事情起码能得到别人的注意。家长如果不问青红皂白随意训斥或打骂孩子，是最容易挫伤孩子自尊心和自信心。鼓励是一个循序渐进的过程，这一过程的主要目的就是能让孩子得到一种自我满足，即自尊感和成功感。

要找到鼓励自己孩子的最有效的方法，最重要的一点是深入地了解自己的孩子，透彻地了解自己的孩子。每一个孩子都有不同的特点，这就决定了我们的方法也是不同的，这就需要我们的家长花时间去找到这种不同处。鼓励孩子，树立她们的自信心，使孩子对自己有正确的认识，而不是终日怀疑自己，怀疑自己的能力与价值。有自信的孩子，不需要别人来评价自己的好坏。

目前，我们的学习环境和条件都存在着这样或那样的问题，有些孩子被过度保护着，有些孩子的学习生活还过得相当艰难，也有不少孩子处于家庭不利的环境影响中。如何使孩子保持坚定的信心，不自我泯灭，不陷入"鸡孵效应"的泥潭，是一个十分重要的问题。

（1）首先，多鼓励孩子。

每一个孩子都需要鼓励，就像植物需要阳光、雨露一样。孩子尝试做一件事没有成功，这并不表示这个孩子无能，只不过是他还没有掌握技巧而已。如果我们责备孩子，自信心就会受到伤害并放弃努力。而在鼓励环境下成长的孩子，会懂得接受挫折和失败，会相信自己的能力并继续努力。

（2）在自立中培养自信心。

有人说过，凡是儿童自己能做的，应当让他自己做；凡是儿童自己能够想的，应当让他自己想。美国的家长在培养孩子自立方面的要求非常高。两三岁的孩子就让他们自己吃、自己睡；孩子走路跌倒了，父母绝不搀扶，让他自己站起来；为了不让孩子有依赖心理，让孩子能独立生存下去，不少父母临终前宁可将财产捐尽也决不留给子孙。美国的这些教子方法，应该使我们得到一点启发。既要让孩子有自信心，就要让孩子在自立中磨炼。对于逆境中的孩子，父母更应该从树立自立精神上去勉励孩子。

（3）在成功的心理体验中建立自信。

任何微小的成功，都能增强人的自信。一个孩子，当他写好一个字，做对一道题，得到一面小红旗，洗净一双袜子，做出一个菜，钉好一枚纽扣，擦净一次地板时，他都有成功的喜悦，会期望自己下一次做得更好。

因此，家长要善于让孩子尝到成功的滋味。发明大王爱迪生说过："你知道我是怎样迷上发明的吗？告诉你，我是从小用泥块捏成城堡起步的。成功欢喜地告诉我，我可以创造一切。"由此，我们可以看到成功的喜悦对孩子的魅力和价值。要做到这一点，一是家长的对孩子期望目标不要太高，一定要适宜，并能进行长远目标的阶段性分解，以促进孩子的有效循环。二是要努力为孩子提供适当的帮助。

（4）在"自我优势感"中建立自信。

家长应当让孩子多看到自己的优势、长处，避免孩子老盯着自己的弱点，并争取做到以己之长，克己之短。同时，家长还应让孩子辩证地、客观地认识自我，这样既有利于孩子实事求是地制定自己前进的目标，又有利于孩子充满坚定的信心，在通往成功的道路上迈出坚实的步伐。

总之，孩子的自信是建立在父母高度赏识的基础上的，家长的肯定是孩子自信的源泉。只要家长方法得当，你会发现有一天，自卑的孩子也会快乐地对你说："爸爸，妈妈，我真的发现我也很不错！"

让悲观的孩子变得乐观

乐观积极对人的一生有着极其重要的意义。根据《乐观儿童》的作者、心理学家马丁·塞利格曼所称，乐观不仅是比较迷人的性格特征，它也能使人对生活中的许多困难产生心理免疫力。他做过高达1000次的研究，研究人数达50万（包括成人和儿童），结果发现,乐观的人不易患忧郁症,在学校和工作中都更容易成功。

美国有一对兄弟,一个出奇的乐观,一个却非常悲观。

有一天,他们的父母希望兄弟俩的性格都能改变一些。于是,他们把那个乐观的孩子锁进了一间堆满马粪的屋子里,把悲观的孩子锁进了一间放满漂亮玩具的屋子里。

1小时后,他们的父母走进悲观孩子的屋子时,发现他坐在一个角落里,一把鼻涕一把眼泪地在哭泣。原来,他不小心弄坏了玩具,怕父母会责骂自己。

当父母走进乐观孩子的屋子时,却发现孩子正在兴奋地用一把小铲子挖着马粪,把散乱的马粪铲得干干净净。看到父母来了,乐观的孩子高兴地叫道:"爸爸,这里有这么多马粪,附近肯定会有一匹漂亮的小马,我要给它清理出一块干净的地方来!"

这个乐观的孩子就是后来的美国总统里根。他从报童到好莱坞明星,再到州长,直至当上了美国总统。这中间,乐观的性格起到了很大的作用。

乐观的人看窗外的天空是晴空万里,悲观的人看窗外的天空是乌云密布。

即使孩子天生不具备乐观品性,看待事特总是悲观伤感,也是可以培养的。怎样培养孩子乐观向上的人生心态呢?

(1)父母要做积极乐观的人。

在家庭关系中,如果每个成员尤其是父母都始终保持乐观向上的性格，积极洒脱地对待一切事情，处理与孩子的关系，孩子生活在这种乐观积极轻松愉快的家庭氛围里，自然受到良好的浸染。同时，父母要懂得教会孩子乐观向上的一些准则和方法。

孩子的教育首先要使用积极的方式进行解释说明，让孩子看事物有利的一面，对事物的发展充满信心，培养他们良好乐观的心态。

平时，父母应该多向孩子灌输一些乐观主义的认识，让孩子明白，令人快乐的事情总是永久的、普遍的，一旦有不愉快的事情发生，那也只是暂时的，不具普遍性，只要乐观地对待，生活仍然是美好的。例如，碰到周末要加班去，就要对孩子说："今天妈妈要去公司加班，这表明妈妈的工作很忙。"而不要对孩子说："该死的，妈妈今天又要加班去。"

不管怎样向孩子说明你的情况，事实是无法改变的，但是给孩子的感觉却是不一样的。当你向孩子说："今天妈妈要去公司加班，这表明妈妈的工作很忙。"孩子会觉得妈妈很能干，在公司是核心人员。如果你对孩子说："该死的，妈妈今天又要加班去。"孩子会觉得你是不愿意加班而不得不去，这就给孩子留下了不快乐的阴影。

（2）当孩子遭遇困境时，父母要多加鼓励。

每个孩子都会碰到不称心的事情，即使天性乐观的孩子也是如此。当孩子遇到困境时，父母要多留心孩子的情绪变化，如果孩子闷闷不乐，父母无论自己多忙，也要挤出一点时间和孩子交谈，教育孩子学会忍耐和坚强面对，鼓励孩子凡事多往好的方面想，不要尽往消极的方面想。

父母一定要注意观察孩子的情绪，只要孩子愿意与父母沟通，父母就要引导孩子把心中的烦恼说出来，这样，烦恼很快就会消失，孩子也会恢复快乐。当然，父母也可以帮助孩子克服一些困难，教给孩子以正确的态度和措施来保持乐观的情绪，这些都是促使孩子摆脱消极情绪的好方法。

（3）允许孩子自由地悲伤的情感。

孩子在遇到困境时，往往会表现出悲伤。父母应该允许孩子自由地表现悲伤。如果孩子在哭泣的时候，父母要求孩子停止哭泣，不能表现出软弱，孩子就会把心中的悲伤积聚起来，久而久之，反而造成孩子的消极心理。

可见，对于孩子表现出的悲伤或软弱，父母不要呵斥，应该让孩子尽情地发泄心中的郁闷，只要孩子发泄够了，他自然会恢复心情的平衡。当然，如果孩子需要父母的帮助，父母应该及时安慰孩子，用相同的心理去感受孩子的情绪，努力引起孩子的情感共鸣，从而缓解孩子的不良情绪。

（4）要给孩子创造相对民主的环境。

许多孩子不快乐主要是因为他们没有自己的自由。父母由于对孩子太过溺爱，往往会抑制孩子们的一些行为和举动，甚至替孩子包办一些事情，这样，孩子就事事不用做，也无法在做事中得到乐趣。

美国儿童教育专家认为,要培养孩子乐观开朗的性格,就不要对孩子"抑制"过严,而是要允许孩子在不同的年龄段拥有不同的选择权。

一般来说,只有从小就享受到"民主"的孩子,才会感受到人生的快乐。因此,聪明的父母不妨做个"懒惰"的父母,让孩子自己去选择、处理自己的事情。

(5)对孩子进行希望教育。

乐观的孩子往往对未来充满了希望,悲观的孩子则往往觉得没有希望。因此,父母要对孩子进行希望教育。希望教育是一项细致的工程,需要父母及时地感受到孩子的沮丧和忧愁,帮助孩子驱散心中的阴影。

平时,父母要多引导孩子看到自己的进步和成绩,鼓励孩子想象自己的美好未来,让孩子对自己的未来充满希望。只要孩子对未来充满了希望,孩子必定会以乐观的心态去面对生活中的事情。

(6)丰富孩子的精神生活。

丰富孩子的精神生活可以使孩子把注意力转移到其他事情上来。

让孩子积极参加各种活动。开始时,可以暗示孩子主动提问、主动要求、主动学习。紧接着,当孩子主动行动了,父母要用表扬、奖励等方法强化孩子的自主观念。

孩子主动去做了,不一定成功。父母要激励孩子,告诉孩子:

"人生不如意事十有八九"。失败了一次不要紧,失败是成功之母。让孩子接触各类事物,接触的事情多了,见多识广,心胸自然就开阔,悲观思想便不容易产生了。

让自负的孩子懂得谦虚

夜郎国的国君因为问了汉使一句"汉朝与夜郎国谁个大",那顶"夜郎自大"牌的妄自尊大的帽子,就铁板上钉钉子似的,无可争议地一戴就是个千百年没商量。

但夜郎国王不仅没有妄自尊大,而且他的"自大"也"大"得很有道理。

因为夜郎国地处偏远的贵州西北部,他虽贵为一州之王,但"不知汉广大"。从人之常情来说,从人之好奇心来讲,面对不远万里而来的汉朝使者,无论换了谁,都会问一声"汉孰与我大"的。而且他作为一国之君,是更有责任去了解这个与他的国家命运息息相关的汉朝的基本国情。更何况古有语云"不知不为过",本"不知汉广大"的夜郎国王,又何过之有呢?如果夜郎国王明知道汉朝比自己大得不可相比,他还要如此相问,那他才当之无愧是一个失却了理智的妄自尊大之人呢!

而夜郎国王之所以会问这个被世人视为愚不可耐的自讨其辱的问题,根本原因,还在于夜郎国王面对着让他俯首称臣的汉使者,他心有不服,心有不甘,于是他要问"汉孰与我大"。他的言外之意便是，如果汉朝并不太大，甚至于没有夜郎国大，那么他又为什么要我俯首称臣呢？由此看来，夜郎自大，不仅不是妄自尊大，而且还是自强不屈精神的表现。他敢与汉朝比大，至少可以说明，他并不认为他的夜郎国弱小可欺，可以随随便便臣服于任何人，即使面对强者，他也要问一问，争一争。这样的夜郎自大，是无可非议的。如果面对汉使者，夜郎国王不仅不敢问汉大汉小，而且一上来就是唯唯诺诺，俯首帖耳，一副妄自菲薄的奴才模样，毫无一点自强不息的精神，这样"自小"的夜郎，才应当令人鄙视耻笑呢。这里还需指出的是，汉朝人修的《汉书》，自然难免"大国沙文主义"思想，对边远的所谓荒蛮之地，历来鄙视之，在他们看来，夜郎国只能老老实实俯首称臣，绝不可有非分之想。所以夜郎国王只是问了一声"汉孰与我大"，他们就觉得是不可思议的愚昧和妄自尊大，要竭尽嘲讽之能事了，而后人也囿于成见，懒于细加考究了。

人，其实是很需要一些貌似妄自尊大，实则是敢于争强争胜的"夜郎自大"精神的，特别是那些弱小者，面对各式各样的挑战，总要比一比，争一争，绝对不可轻易言败。

虽说"夜郎当自大"，但在现实生活中，并不是每个人都能真正把握好"自大"的分寸。对于大多数人而言，我们依旧要明白，谦虚是一种美德，是一种难能可贵的品德。

自古以来，我国人民就有谦虚的美德，有许多这方面的格言警句启迪后人。如"谦受益，满招损""谦虚使人进步，骄傲使人落后""虚心竹有低头叶,傲骨梅无仰面花""百尺竿头,还要更进一步!"

爱因斯坦是20世纪世界上最伟大的科学家之一,他的相对论以及他在物理学界的其他方面研究成果,留给我们的是一笔取之不尽、用之不完的财富。然而,就是像他这样,他还是在有生之年不断地在学习、研究,活到老,学到老。

有人去问爱因斯坦,说:"您老可谓是物理学界空前绝后的人才了,何必还要孜孜不倦地学习呢?何不舒舒服服地休息呢?"爱因斯坦并没有立即回答他这个问题。而是找来一支笔、一张纸,在纸上画上一个大圆和一个小圆,对那位年轻人说:"在目前情况下,在物理学这个领域里可能是我比你懂得略多一些。正如你所知的是这个小圆,我所知的是这个大圆,然而整个物理学知识是无边无际的。对于小圆,它的周长小,即与未知领域的接触面小,他感受到自己的未知少;而大圆与外界接触的这一周长大,所以更感到自己的未知东西多,会更加努力地去探索。"

是啊!多么好的一个比喻,多么深刻的一番阐述!

作为父母,要时刻警惕孩子的"自大、自傲"心理,要塑造孩子谦虚的品质。每个人都要养成"虚怀若谷"的胸怀,都要有一种"谦虚谨慎、戒骄戒躁"的精神。让孩子以有限的生命时间去探求更多的知识空间吧!

让冷漠的孩子变得有情

有一位在外地上学的孩子,寄回一封家书,父母收到,喜出望外,但拆信一看,却不禁潸然泪下。原来,来信字迹潦草,只用碳素笔写了黑黑粗粗的一行字:速寄 600 元。

这个孩子只知向父母索取钱财,却连一句问候父母的话都没有,全无半点孝心,实在令人心寒。含辛茹苦供儿子上了大学,培养这样的儿子又有什么用。

人非草木,孰能无情?可是我们在指责这些孩子没有孝心的同时,是否静下心来思考过父母的教育方式,要知道,任何情况的发生都有其潜在的深层次的原因。

家庭是一个人生命历程的起点,孩子以怎样的姿态走向社会,走向未来,取决于家庭环境、家庭教育。在"一对夫妇只生一个孩子"的今天,许多父母由于缺乏育儿知识及经验,爱子心切,对孩子娇生惯养,盲目溺爱,难以对孩子进行正确的、科学的教育和关怀,致使孩子养成了好逸恶劳、养尊处优、任性、冷酷、自私等恶习,甚至做出危害家庭和社会的事情。溺爱出恶子,溺爱不是爱,而是害。它不但扭曲了孩子的心态、性格和行为习惯,而且贻误了孩子一生,贻害了家庭和社会。

孝敬,孝敬,而如今颠倒过来。一位父亲让儿子骑在身上当马骑,说这是快乐。一位妈妈送儿子上学,一手拿书包,一手拿水壶，到了学校门口还不住叮咛，要听老师的话，别和同学打架，谁也想不到这儿子会骂出一句"滚"。一位奶奶骑着小三轮车，接小孙子回家，孩子坐在后面，说要吃羊肉串，喝饮料，吃麦当劳，奶奶忙说："今天没带钱。"小孙子听后站在车上大喊："你是干什么吃的？"

我们有些家长，太惯养孩子，不注意培养孩子孝敬父母的品德。有些家长对孩子说：我有工资、有医疗、有奖金、有福利，将来用不着你养老。这样说不好，应当告诉孩子我养你小，你养我老，孝敬父母是中华民族的传统美德，是天经地义，是写进宪法的。应该告诉孩子，妈妈在生你的时候，忍受了多么大的痛苦和磨难，不孝敬父母是大逆不道，不孝敬父母是千古罪人。

我国著名作家冰心老人曾经说过这样的话：对孩子的教育不能只讲大道理，要施以具体的形象的爱。比如要教育他们从小热爱自己的亲人，热爱身边的一草一木，长大后他才会热爱朋友、师长、家人，一旦外族入侵，他们才会挺身而出。对孩子进行"学会关心学会爱"的教育，首先就要要求和教会孩子关心爱护父母。只有孝敬父母才能家庭和睦，只有家庭和睦才能社会安定，只有社会安定才能经济繁荣，只有经济繁荣才能国富民强。

孝敬父母绝不是一件小事情。孝敬父母的教育是最基础的道德教育。

孝敬父母是教育孩子做人的必修课程。有的父母认为，自己这一代吃了不少苦，不能再让孩子吃苦了。于是乎，在饭桌上，父母们往往把好吃的都夹到孩子的碗中，自己吃最差的。家长们的这种心态，逐渐使孩子形成了"以自我为核心"的个人主义。许多家长认为，现在孩子小、不懂事，长大了就会好的。结果往往事与愿违，孩子长大后，会成为不会关心体贴父母的"白眼狼"。

孝敬父母是中华民族的传统美德。几千年来，它始终是衡量一个人品德高低的重要标准，有的朝代还把尊老养老定为制度。据说汉代规定，每年春秋两季，各地都要举行尊老养老典礼，并给70岁以上的老人赠送礼品。汉文帝还规定，对公认的孝顺儿女给予奖赏。清朝康熙皇帝60岁生日时，大摆"千叟宴"，邀请全国65岁以上的老人几千人上北京赴宴，万岁爷举杯向这些老人祝寿，几百年来一直传为佳话。但令人遗憾的是，由于种种原因，孝敬父母的传统美德，在一部分孩子的头脑中淡忘了，有的甚至把"孝"字抛到九霄云外。这实在是教育的最大失败，这实在是人生的最大悲哀。

家庭是孩子的第一所学校，父母是孩子的首任老师。因此，作为家长，应该对孩子加强情感教育，从小培养孩子关心他人、体贴父母的良好品质。作为子女，理应想到父母拉扯自己的不易，铭记父母对自己无微不至的关怀，并尽心尽力去爱父母、爱他人。

有这样一个小的调查，问过一个北京孩子和一个海南孩子：世界上如果只允许你爱一个人，你爱谁？相隔千里的两个孩子竟抢着答出同一个声音："爱自己。"

爱自己而不是爱妈妈，这样的答案发人深思。

一个孩子，如果只爱自己，连养育自己的父母都不关心，不照顾，不尊敬，不爱戴，怎么能去爱他人、爱集体呢？如果一个孩子对生身父母没有深厚的情感，怎么能升华出高尚的爱国之情呢？孝敬父母不是一句空洞的口号，它既是一种认识，又是一种情感，既是一种道德规范，又是一种良好的行为习惯。

父母和孩子之间有了双向交流的爱，再穷也有欢乐，再苦也有幸福？有了双向交流的爱，才能改变独生子女教育中"一强一差"的现象，而一旦失去了爱的双向交流，就会失去人世间最宝贵的一切。

尊重长者、孝敬父母是中华民族的传统美德。但是，这种美德在一些独生子的身上很少得到表现，常常可以看到这样的家庭生活镜头：吃过饭后，孩子扭头看电视或出去玩耍了，父母却在那里忙碌着收拾碗筷；家里有好吃的东西，父母总是先让孩子品尝，孩子却很少请父母先吃；孩子一旦生病，父母便忙前忙后，百般关照，而父母身体不适，孩子却很少问候。凡此种种，值得忧虑。

有无孝敬父母的习惯，不单单是子女与父母之间的事，其实质是一个人能否关心他人的大问题。在家里能养成孝敬父母的好习惯，到社会中，才有可能做到关心同事，也才有可能做到对祖国忠诚。因此我们千万不能忽视培养孩子尊敬长者、孝敬父母的好习惯。

怎样培养孩子养成孝敬父母的好习惯呢？

（1）要建立合理的长幼有别的家庭关系。

"合理的长幼有别"与封建家长制、一言堂是不同的。所谓"合理"，是指全体家庭成员（包括子女）之间首先是民主平等的，父母要尊重孩子的独立人格，尤其是在处理孩子自己的事情时，一定要充分听取孩子的意见，尽可能按孩子合理的意愿办事。同时，家庭又是一个整体，不能各自为政，总要有人当家"长"，来"领导"家庭，管理指导家庭全体成员的生活。父母是家庭生活的供养者，而且他们有丰富的生活经验，自然应当成为家庭的核心和主事人。孩子应当在父母的指导和帮助下学习、生活。

现在，不少的家庭中，孩子是"小太阳"，家长却变成围着孩子转的月亮，这就为孩子形成以自我为中心的小霸王性格提供了土壤，更谈不上培养孝敬父母的好习惯了。因此，我们要让孩子明白自己与父母的关系，知道父母是长者、是家庭生活的主事人，而不能颠倒主次，任他在家庭里逞强胡闹。

（2）要让孩子了解父母为他和家庭所付出的辛苦。

不少孩子不知道父母的工作情况，不知道父母的钱是怎样挣来的，只知道向父母要钱买这买那，认为父母给自己吃好、穿好、用好是天经地义的。这样的孩子怎么会从心底里孝敬父母呢？

为此，父母应当有意识地经常把自己工作和收入的情况告诉孩子，说得越具体越好，从而让孩子明白父母的钱来之不易。这样，孩子会逐渐珍惜自己的生活，也会从心底里产生对父母的感激和敬重。

（3）要从小事入手训练和培养孩子孝敬父母的行为习惯。

教育子女孝敬父母的一般要求是：听从父母教导，关心父母健康，分担父母忧愁，参与家务劳动，不给父母添乱。要想把这些要求变为孩子的实际行动，就应当从日常小事抓起。

如在关心家长健康方面：要求孩子每天要问候下班回家的父母亲；当父母劳累时，孩子应主动帮助或请父母休息；当父母外出时，孩子应提醒父母是否遗忘东西或注意天气变化；当父母有病时，孩子应主动照顾，多说宽慰话，替他们接待客人等。

孩子应主动承担家务劳动，哪怕是吃饭时摆筷子。根据孩子的年龄、能力、学习情况，合理分配，具体指导，耐心训练，热情鼓励。这样不但有利于孩子养成做家务劳动的习惯，也有利于孩子不断增强孝敬父母的观念：父母养育了我，我应以行动感谢他们。

（4）要以身作则，父母本人要做孝敬长辈的楷模。

孩子对待父母的态度，直接受父母对待长辈态度的影响。

有一个故事是值得借鉴的。从前有一对中年夫妇对年迈的父母很不孝顺，他们把老人撵到一间破旧的小屋里居住，每顿饭用小木碗送一些不好吃的东西给老人。一天，他们看到自己的儿子在雕刻一块木头，就问孩子刻的是什么，孩子说："刻木碗，等你们年纪大时好用。"这时，这对中年夫妇猛然醒悟，赶紧把自己的父母请回正屋同自己一起居住，扔掉了那只小木碗，拿出家里最好吃的东西给老人吃。小孩也因此转变了对他们的态度，从此一家三代和睦生活。

可见，父母的榜样，对孩子的影响有多大。现在中年夫妻冷落自己父母的情况还是存在的。有些中年夫妻不仅不照顾自己的父母，反而千方百计"刮"老人们的财物，这给自己孩子的影响就更不好了。

因此，我们不仅要管好自己的小家庭，还要时刻不忘照顾年迈的父母亲，决不能添了儿子就忘了老子。如果说平时因居住地较远，工作较忙不能和老人朝夕相处，那么在休假日要尽量抽时间带上孩子去看望老人，帮老人做些家务，同老人共聚同乐，尽一份子女应尽的责任和义务。如此日长时久，孩子耳濡目染，潜移默化，也会逐步养成尊敬长辈、孝敬父母的好习惯。

孩子的可塑性是很强的，暂时的冷漠也是因为家长的教育不当所造成的。只要家长认识的自己的错误，换一种眼光对孩子，冷漠的孩子一定会变成孝敬父母、孝敬老人的好孩子。

让脆弱的孩子变得坚强

近几年，一些地区的儿童保健专家和儿童保育人员呼吁："一个值得社会重视的问题：我国意志薄弱儿童与日俱增！"

有的家长说，我的孩子太不自觉了，从不主动学习。这自觉性是什么？就是意志品质的一个重要特征。

有的家长说，我的孩子做事优柔寡断，没有果断性。这果断性是什么？是意志品质的第二个重要特征。

有的家长说，我的孩子干什么事都没有持续性，总是半途而废，为什么坚持不下去呢。这坚持性是什么？是意志品质的第三个重要特征。

还有的家长说，我的孩子自己也想学好，可是就是控制不住自己，自制能力太差了。这自制性是什么？是意志品质的第四个重要特征。

自觉、果断、坚持、自制是构成一个人意志品质的四个基本因素。

古代有一则"学弈"的故事：两个都很聪明的孩子一块儿听老师讲下棋的知识，但是听讲结果却大不相同。一个专心致志，只听老师讲解，任何事情也干扰不了他；而另一个心里总想着用箭把天空飞过的大雁射下来炖肉吃。结果，前一个学得非常出色，后一个学得稀里糊涂。同样是聪明的孩子，为什么出现两种结果？就是由于意志品质不同所造成的。

意志品质对人一生的影响是至关重要的。意志力在人的所有非智力品质中具有核心的地位，对其自身的人格发展有重要意义。家长们不妨看看我们的亲友，我们的同事，那些事业有成的人大都是具有良好意志品质的人。

意志品质不是天生的，主要靠后天的教育培养。一个小孩子，幼儿和小学低年级会表现出意志品质的初步状态。小学三四年级开始，意志品质的各个因素发展很快。因此，必须从小抓紧意志品质的培养，一点也不能放松。

培养意志品质的方法很多，但主要在实践行动中培养，要因人而异。这里提出几种方法供家长参考。

（1）摸清孩子意志品质方面的薄弱因素，有针对性地采取教育措施。

每人孩子都有一定的意志力，只是强弱不同，如果具体分析，其强弱的具体环节不同，要从孩子实际出发，找准弱点。

比如，有的孩子做事情虎头蛇尾，一开始决心很大，干劲很足，但是三天热乎劲儿，后边就稀松平常了。这种孩子意志品质的优势在确定目标、确定行动阶段，而弱点在于坚持性和自制力上。对待这样的孩子，在确定目标之后，要打预防针，提醒他一旦干起来，就要克服困难坚持下去。在接近目标时，尤其要讲"行百里者半九十"的道理。有几次这样的过程，孩子的薄弱环节就会得到扭转。

鼓励孩子自始至终做好每一件事情，是指导孩子经受意志锻炼的重要手段。孩子年龄小，做事易受外部环境影响，如果遇到困难，就会放弃原始目的，要克服这种缺乏意志力的行为，成人就要及时表扬孩子已取得的成绩，帮助孩子克服行动的困难，鼓励孩子坚持把一件事做完，还可以选择一些有关意志力培养的故事讲给孩子听，以培养孩子良好的意志品质。

（2）从小事做起，磨炼孩子的意志。

万里长城，是一块块砖石砌成的；万里长征是红军战士一步步走过来的。世界上的大事，都由小事积累而成。意志品质的培养也是如此。正如著名文学家高尔基所说："哪怕对自己一点小的克制，都会使人变得强而有力。"

因此，家长培养孩子的意志品质，要从孩子"小的克制"入手。应该有意识地让孩子多经受几次失败的磨炼，不必担心，不必心疼，只要善于启发，在必要时刻帮他一把，他们一定能学会在逆境中战胜自己，完善自我。

孩子每一次经受挫折都是对他意志力培养的很好机会，父母如何对待孩子的痛苦与问题，也会影响到孩子对待挫折的态度。帮助孩子找到原因，正视现实，用乐观的态度对待损失与过错，才能让孩子的意志与毅力更加坚强。

当然，从小事做起，只是起点。培养坚强的意志品质，要随着孩子的成长和进步，从小到大，从易到难，从低到高地磨炼孩子。当孩子能够迎接越来越大的困难挑战的时候，一个意志坚强的孩子就站在家长面前了。

（3）适当利用孩子的逆反心理，激发孩子的斗志。

当孩子遇到困难窘境时，父母不必立即出马去替他们解围，要给他们自己处理困难的机会。孩子学走路跌倒了，相信大多数父母会热情地鼓励他"爬起来，再走"，而不会立即冲上去抱起孩子，从此不让他下地，更不会拍打着地板迁怒于它物。那么，当孩子遇到难题束手无策时，应鼓励他"再想想办法，胜利往往在于再坚持一下的努力之中！"

有志气的孩子，应该充满自信地对自己说："我就不相信我不能改正缺点，别人能做到的，我也能做到；别人做不到的，我要争取做到。"

大家知道，"劳其筋骨"是磨炼意志的重要方法。适合孩子的艰难一些的劳动、体育活动，能使孩子坚强起来。长途远足，爬山，跑步，游泳，较重的劳动……可供选择的内容很多，家长要指导孩子选择，关键在于坚持。

另外，培养孩子坚强的意志品质，尤其需要家长的榜样力量。如果家长懒懒散散，生活懈怠，做事没有信心，经常半途而废，是难以培养孩子的意志品质的。

总之，在父母得力的引导之下，脆弱的孩子一定会走向坚强！

笨拙的孩子会变得心灵手巧

兰兰在家跟着妈妈学做缝制浴衣的手工。可是到了领子的地方，由于难度太大，她笨手笨脚地怎么也缝不好。于是就求助于妈妈。她妈妈是服装裁剪师，像缝领子这样的活可以说是举手之劳。然而，妈妈丝毫没有要帮她的意思，只是口头告诉她该如何做，可绝不动手帮她。尽管妈妈自己心里清楚，只要拿出一点点时间，领子马上就能缝好。由于做不好，露丽特别着急，不由地对着妈妈嚷了起来："你就不能帮我缝缝吗？小气鬼！"

对此，妈妈是这样回答女儿的："其实从一开始妈妈就想帮助你，心里面也替你着急。可是，如果我这样做了，那你永远也学不会缝制浴衣，永远只能这么笨手笨脚的你说对不对？有些事情，虽然想帮忙，可帮了反而没好处。看到你发愁的样子，妈妈心里面其实是非常痛苦的。"

兰兰听了妈妈的解释后，发现自己确实有相当严重的依赖心理。于是，暗下决心，即使缝得不好，也要靠自己的双手坚持下去。最后终于完成了任务。

荣获1997年诺贝尔物理学奖的朱棣文教授明确指出：中国学生的书面成绩很好，学习很刻苦，但是动手能力差，笨手笨脚。现在很多家长以为，孩子只要学习好，就什么都好了。其实这是个误区，因为它往往造成孩子人格、品质、能力方面的缺陷。经常听到不少家长在抱怨自己的孩子吃饭慢，已上小学连穿衣都要家长帮忙，很多事都依赖家长。为何会出现这种情况，家长应反思一下自己的教育方法是否得当。

有些父母比较疼爱孩子，凡事总不让孩子干，但是这样无疑让孩子损失了许多"亲手做"的机会。而那些聪明的父母总是为孩子安排一点日常的"工作"。一开始这些事情可以简单点，让孩子能轻易完成，完成后还应表扬孩子，事情的难度可以逐步增加，如果孩子觉得困难，父母可以给予适当的引导，并鼓励孩子不要放弃，一定要把事情做完。久而久之，孩子可以在做事中增长经验，动手、动脑的能力自然而然就得到了提高。

有一位做工程师的家长，把公司领导要求技术部门限期解决的一个难题给了上初一的孩子。问题的大意是：当电子线路板通过自动焊接机的时候，板子的前面几个元件的腿被挡锡条碰着，因而有3个元件不能上锡，后面的补焊工人要付出很大的劳动。

对此，家长给了孩子真正的实物，协助孩子思维，并讲述了焊接不上的原因。孩子很积极地去想去思考，结果是：孩子通过努力很快想出了方案，而工厂技术部门的技术人员此时却正在大伤脑筋——着急呢！

要想培养孩子的动手能力，家长的教养态度起着至关重要的作用。上面这位家长的做法的确很有推广意义，它不但给孩子提供了动手和动脑的机会，而且让孩子真正享受到了成功的乐趣。有位日本医学博士在多年研究后也明确指出："如果想培养出智力开阔、头脑聪明的孩子，那就必须让孩子锻炼手指的活动能力。"

只有家长提供动手条件，孩子才有得以训练自我。要是家长有计划的训练孩子从点滴小事做起，一旦养成好习惯，要他做出不良习惯已不可能。养成好习惯，他们做事都会有条理、认真地完成，不管对生活上、学习上都是有帮助的，这是训练孩子的起始阶段，也是为孩子将来有所作为打下良好基础，家长应鼓励小孩做力所能及的事，让他们自己动手动脑，不管做得好不好，即使是微小的进步，都应该给予表扬、鼓励，不要急于求成或用责备求全的眼光对待孩子，这样会打消他的积极性。

在孩子行为习惯养成过程中，变化是一个过程，需要时间。孩子现在的行为习惯是他出生到现在一直学习的结果，因而学习新的行为习惯不可能一蹴而就。训练孩子的动手能力还要有耐心，并且讲究一点策略。下面这个故事也许能给你一些启发：

在朋友家闲坐，无意中发现朋友为孩子洗鞋时只洗一只。朋友解释说，这是他创造的一种教育孩子的方法，这样可以迫使孩子为了两只鞋一样整洁，自己动手将另外一只鞋也洗干净。这位父亲成功的地方在于抓住了孩子的心理特点，并在教育方法上加入了幽默的色彩，不是强迫，而是积极地引导。

在很多场合，我们都能看到一些父母为了让孩子接受自己的意愿而不停地唠叨，实在不见效果就拿起棍棒，并伴以讽刺和挖苦的语言。用这种简单粗暴的教育方法培养出来的孩子，失去了应有的创造力，个性和人格的发展也得不到完善，其内心世界常与外部世界发生冲突，显得处处与周围环境不适应。

在教育孩子的过程中，试试给他洗一只鞋，再把另一只交给他，你会惊奇地发现：笨拙的孩子突然有一天变得心灵手巧了。

害羞的孩子会变得落落大方

玛丽在班上是屈指可数的漂亮小姑娘，可在年级的舞会中她常常会独自一个人找一个角落坐下，不停地摆弄着手中的可乐。她看着别人结群成对地翩然起舞，伴着时而强劲、时而温柔的舞曲，尽情地表现自己，一阵心跳，真是令人神往，可她从来没有在同学面前跳过舞。

并不是她不会跳舞，她在家里曾经跟妈妈学过好几回。据妈妈说还是跳得不错的。但是每当有男生来邀请时，玛丽就不由心里一阵紧张，甚至还会感到恐惧，从来不敢答应对方。有时候调皮的男生特意邀请，她就会觉得口干舌燥，连拒绝都难以说出口，只把头低低地埋着，一声不哼。当舞会开始不久，玛丽就会趁着别人不注意，悄悄地溜了出来。

不过，这一次玛丽没有来得及溜走就被参加舞会的指导老师史密斯先生发现了。史密斯对她的表现甚为关注，决意改变她的处境。

于是史密斯先生就悄悄地走到玛丽的旁边，坐下。玛丽见到老师来了，自然不敢轻易溜走，只感到一阵紧张。老师跟她说的话几乎都没有听见，只是不断地点头。

过了好一阵，她终于恢复了常态，毕竟老师只是跟她聊聊而已，也许不会请她跳舞的。这样一想，她又正常地与老师交谈了。

老师无意中问她，"你没学过跳舞吧？"玛丽毫不迟疑地答道："学过呀，只不过是跟妈妈学的。""那好啊，我请你跳一支吧，好吗？"玛丽真为刚才的话叫苦不迭，只好硬着头皮站起来。

随着舞曲，史密斯先生带着玛丽，投入到五彩缤纷的舞池中。虽然步伐有些僵硬，但玛丽很快就适应了这些舞步，其他同学注意到玛丽居然会跳舞，心里都暗暗称奇。史密斯跟她跳了两曲之后，就有男生来邀请她，迟疑了一阵，玛丽还是鼓起了勇气。从此以后，玛丽再也不是舞厅中的孤独者了。

史密斯先生一句"请你跳个舞好吗？"改变了玛丽在舞厅中的孤独和无奈，使她成为同学中的一分子，这种变化不可谓不大。其实，在很多时候，动作的改变往往会改善儿童的某一特定的处境，还可能会进一步改善她的人格缺陷。因为人格与动作是密切相关的。动作常常以最直接的方式反映一个人的人格。一般而言，相同类型的人格会具有类似的动作特征。

按照古希腊学者的划分，大致有4类典型的人格类型。即多血质、胆汁质、黏液质和抑郁质。英国人格心理学家艾森克认为其动作特征可概括如下：

多血质是外倾—稳定型。表现为：活泼、开朗、健谈、反应速度快。在动作上具有行动敏捷，可塑性高，主动性强等特点。

胆汁质属于外倾—不稳定型。表现为好斗、冲动、容易激动。在动作上反应速度很快，主动性强，但可塑性较差，耐心强。

黏液质，属于内倾—稳定型。表现为温和、善于克制自己。在动作上较为谨慎和被动，反应速度较慢，可塑性不高，但稳定而有条理，极富耐心，创新性不高。

抑郁质是内倾—不稳定型。表现为反应速度慢，动作迟缓，易焦虑，文静。在动作中具有较高的敏感性，但反应不快，主动性较差，极富幻想而又聪明。不过，容易受挫折。

著名心理学家达维多娃曾经把上述4种人的人格描述为如下一个故事：有四位朋友各具上述4种不同人格素质。他们去看戏时，迟到了，检票员不让他们进去。这时，胆汁质的人会和检票人大吵大闹，非得闯进去不行，不顾检票员的阻拦；多血质的人看到楼下入口处看守很严，就会想办法溜到楼上去看戏；黏液质的人却不敢这样做，他也许会很规矩地等在大厅外面，直到中场休息再进去；而抑郁质有可能就会叹息自己命运不济，倒霉透顶了，掉头回家去了。

不过，现实中多数人可能是混合型。人格不是不可以改善的，人们常说"本性难移"，其实并不是不能"移"，改善的方法很多，但动作训练对早期人格是一种有效的途径。

我们都知道，学龄前的儿童思维与动作相关程度很高。其实动作与人格的特征也同样密切相关。另外，早期儿童人格可塑程度较大，所以我们可以通过对动作训练，让儿童形成更加合理的人格结构。青年后期之后，人格基本定型，可塑性就很差，想变就难了。

上例中玛丽本来是带有抑郁质特征的文静和多愁善感的小姑娘。在行为中表现为焦虑、被动、易受挫折。但只要给她有表现自己的机会就会大大增强她的信心。史密斯恰恰是从这一点出发的，利用她被动但又希望参与舞会的心理，同时也利用自己指导教师的特殊身份，以长者的姿态帮助玛丽摆脱被动的局面。不过，这需要玛丽首先具备跳舞的基本技能。否则可能会因害怕挫折而坚持放弃表现的机会，或者被迫表现了，反而会增加挫折感，导致更加焦虑和退缩。

行为科学认为，动作训练可以提高个人的社会亲和力，提高交往能力和意识。我们发现，一个性格内向的人通过运动而获得别人的认同，自然也增加了和别人的交往机会和能力，一个不稳定个性的儿童，通过动作训练，会提高其耐心和意志的水平，这些例子不胜枚举，一般的礼仪训练更是如此。

只要合理把握好对待孩子的尺度，害羞的孩子会走向落落大方。终有一天，你会发现他或她走在人群中，举手投足是那样的得体，那样的卓尔不凡，令人叹为观止。

嫉妒心强的孩子会走向豁达

嫉妒是由于别人胜过自己而引起抵触的消极的情绪体验。黑格尔说，嫉妒是"平庸的情调对于卓越才能的反感"。英国哲学家培根说："嫉妒这恶魔总是在暗暗地、悄悄地毁掉人间的好东西"。

嫉妒是不良的心理状态，是由于个人与他人比较，发现别人在某一方面或某几方面比自己强而产生的一种羞愧、不满、怨恨、愤怒等组成的复杂情绪。嫉妒产生的原因是多种多样的，不论哪种原因，都是心理扭曲的现象，都是健康人格的倾斜。

嫉妒心的产生，与人最关心的事物相联系，因年龄而异，因人而异，孩子们之间的嫉妒是多方面的：

比如由于学习成绩是评价孩子的重要指标，有的孩子就因为自己学习不如别人就嫉妒别人。还有的孩子因别人受到了老师的表扬,而暗中不服气,有的甚至公开挑人家的缺点,也有的故意表现出无所谓的态度。其实,他们的心理反应是:"有什么了不起,我也做得来。"

还有的孩子看到别人受到老师重视或与老师关系好而嫉妒。另外,也有一些孩子会因某些孩子穿漂亮衣服、名牌衣服,使用好的文具、好的玩具等而嫉妒。

如何引导嫉妒心强的孩子呢?我们必须明白,有嫉妒心的孩子一般都具有争强好胜的心理,因此,家长们可利用这有利因素,积极引导孩子不要嫉妒对方,鼓励孩子发挥自身的优势,学习他人的长处。这样就可使孩子争强好胜的性格向好的一面强化,而不是向另一极端转化。

下面这些方法是家长们应该学习的:

(1)向孩子讲清嫉妒的危害。

首先,嫉妒心理影响身心健康,正如培根所说:嫉妒这恶魔总是在暗暗地、悄悄地"毁掉人间的好东西"。嫉妒心强的人长期处于一种不良的心理状态中,情绪上总有压抑感,久而久之可能导致器官功能降低,产生不良的心身反应。因此又可引起忧愁、消沉、怀疑、痛苦、自卑等消极情绪。这样恶性循环,会严重损害身心健康。

其次,嫉妒心强影响学习。嫉妒心强,直接影响人的情绪,而不良的情绪会大大降低学习的效率。

另外，嫉妒心强可能使我们结交不到知心朋友。嫉妒是人际交往中的心理障碍，它会限制人的交往范围，压抑人的交往热情，甚至能反友为敌。这就可能使同学们想躲开你，不愿与你交往。从而给自己造成一个不良的人际关系氛围，你会感到孤独、寂寞。

（2）要培养孩子的宽广胸怀。

培养孩子豁达的人生态度，要让孩子有容人之量，不计较一时得失、一事高低。还要有高尚情操，以诚待人。

（3）教育孩子正确地评价自己和别人。

家长千万不可用贬低孩子所嫉妒的对象的办法来减轻孩子的嫉妒心理，那样会导致孩子过多地去看别人的不足而放弃自己的努力。

要告诉孩子，人生本是一个大舞台，每个人都有自己适合的角色，竞争应该在平等条件下，在光明磊落的前提下进行的。不去诋毁他人成绩，不去贬低他人人品，也不用自己的长处和他人短处相比，更不采用不光彩的手段。要勇于承认有些人有比自己更高明更优秀的地方，努力向他们学习，奋发图强，把自我的这种好强个性转化为一种内在竞争机制——一种推动自己勇敢向前的力量，从而在社会中实现自己的价值。

一个孩子如果能经常这样去想问题，嫉妒心理就会慢慢打消，而能够客观地自我评价，客观地评价别人。

第六章 赏识教育的理想结果

DILIUZHANG

让孩子自觉观察

"多看,多听,多接触,你就会成为智者。"这是阿基米德的父亲对孩子最重要的教育和启示。

公元前287年,阿基米德出生在意大利西西里岛一个学者家庭。父亲是宫廷的天文学家,特别注意对儿子观察能力的培养。

阿基米德很小的时候,父亲就带着他到山顶上观察明净的夜空和灿烂的银河,并且如数家珍,告诉孩子各种星座的方位和特征,什么北斗七星啦,大熊星座啦,小熊星座啦,仙女星座啦,天蟹星座啦,他都一一指点给孩子看,并要求孩子指出每一个星座的方位、亮度和其他特征。他说:"孩子,观察的技能就是抓住特征的技能,这是因为每一个事物都会具有不同于其他事物的特点。只要能够多看、多听、多接触、多比较,你就会成为智者。"

为了培养孩子的观察能力,阿基米德的父亲还要求孩子在沙盘上把星座的位置和形状标示出来。这样一次一次地练习,小阿基米德也就具有了善于观察的火眼金睛了。

有一次,阿基米德在院子的草地上玩耍,他拔拔草丛,发现草丛里藏着一窝野蛋,就把这些野蛋捧起来,送还给邻居。邻居家的老爷爷笑着问他:"孩子,你怎么知道这些蛋是我们家里的呢?"阿基米德低着头想了想,指着蛋上的斑点说:"您家的儿子在波斯经商,这些鸡都是吃波斯小米长大的,所以蛋上有一块一块的黄斑。我们这一带人家养的鸡都是吃小麦长大的,西西里小麦的颜色偏红,所以周围人家的鸡蛋壳儿都带有红色呀!"老爷爷非常高兴,连声夸赞阿基米德是一个聪明、诚实、观察仔细的好孩子,将来一定大有出息。父亲知道这件事以后,说:"你年纪小小就很会观察,真是一个当学者的好料子。"

有一天,阿基米德到郊外游玩,看见一个农民在用木棒撬一块巨大的石头。他就询问说:"石头这么重,你能推得动吗?"农民也不说话,只是在石头底下塞了一块小石头,再把一根长铜棍插到石头底下,一下子就把大石头撬得滚下了山坡。

阿基米德仔细观察农民的动作,又围着石头转了几圈,他发现:大石头距离支点很近,而农民手握的铜棍尾部距离支点非常远。由此,他大受启发,进而推出了杠杆定理,并且年轻气盛地夸口说:"给我一个支点,我就能撬动地球!"

阿基米德的话传到了国王耳朵里,国王十分生气,说:"这年轻人真是不知天高地厚。别说撬动地球,只要他能依靠他个人的力量移动王家游船,就算他有本事。"

国王的命令自然是金口玉言,阿基米德也不敢怠慢,他在码头上架起一根转轴,再在转轴上横穿了一根长长的杠杆。而转轴上拴着的绳子,又紧紧拉住了大游船的船头。

阿基米德表演那天,码头自然是人山人海,挤得水泄不通,只见国王一声令下，阿基米德就缓缓推动杠杆，注满了油的转轴也吱吱呀呀地转动起来。另一端的绳子越拉越紧，游船果真一点一点地移动起来。国王非常高兴，宣布说："阿基米德的杠杆的确可以战胜神力！"

常言说："家教无小事。"父母的家庭教育事关孩子的前途，这是万万不可掉以轻心的。而孩子智力的培养和生活技能的训练，最简单的办法就是从培养观察力开始。要鼓励孩子养成勤于观察、细心观察的习惯。

所谓观察，就是一要看，二要察。听、看、摸是人们观察事物的基本手段和获得信息的基本渠道。

学习过程本身就是一个观察的过程，所以观察力的培养也是提高孩子学习成绩的重要途径。比如说，物理、化学、生物实验，还有考试试卷卷面文字和图表的分析，都需要很好的观察能力，如果由于疏于观察而丢失了答题要件，那么就会造成明显的错误，例如做数学题丢失加减号，做物理化学题丢失所给条件等等。

调查数据表明：平均成绩为85分和65分的孩子，明显存在着知识基础水平和素养的差距，而85分至90分和91分至95分这两个分数段的孩子，其智力水平和知识基础并没有发现明显差距，换句话说，这两个分数段的孩子知识能力是一样的，而其分数段的分野，就出现在是否具备细心观察的习惯上。分数稍低的孩子，无非是疏于观察，粗心大意，或者审题错误，或者丢失加减号，或者根本就忘记了检查试卷，以致一失足顿成千古恨！

著名作家福楼拜说过：最细微的事物里也会有一星半点未被认识过的东西，让我们去发现它。让我们这样告诉孩子吧！

让孩子乐于记忆

"你记忆，因为你热爱！"这是亚里士多德的父亲教导孩子的妙语。

公元前384年，亚里士多德出生于希腊斯塔吉拉城一位著名的医生家庭。在孩子10岁那年，父亲被任命为马其顿国王的首席医生。老父亲一无后台，二无背景，完全依靠技术起家，因而有一种极强的个人成就感。他非常珍惜自己的技术成就，并且希望将来孩子能够子承父业，当一名高级技术人员，不仅将技术作为终身职业，而且还要将技术作为安身立命和延续家庭血脉的超级法宝。

为了让孩子能够子承父业，从亚里士多德5岁起，父亲就开始教他背诵医疗书籍，例如药品配方、治疗手段等等。可是弄来弄去，孩子专靠死记硬背，把那些医书上的知识记诵了一阵子，很快就忘掉了。后来老父亲想了一条妙计，他发现孩子对眼前看得见的活生生的东西非常有兴趣，而且记得挺牢固，就从药柜里拿出许多药品实物，一样一样叫孩子识记，看一样就记一样，而且各种药品的颜色、气味、形态，各有不同，很容易引起孩子的兴趣。父亲还如数家珍似的讲述每一样药品的生长地的风土人情，使孩子听得两只眼睛都直瞪瞪地发亮，这种方法在现代被称为直观记忆法。当时印刷术不发达，书写工具也比较缺乏，学习医学的主要手段就是依靠记忆。几千种药品、几千个药方，还有数以百计的治疗方法，全靠医生花费几年或者十几年的时间记忆，所以全靠实物记忆显然是不够的，还得培养孩子其他的记忆能力和记忆手段。

老父亲为了延续家庭的医脉，还想出各种高招来培养孩子的记忆，这类多手段全方位的综合记忆法，在当时就被称为"亚里士多德记忆法"。说有一天，父亲带孩子上西西里岛游玩，那是一方阳光灿烂的音乐之乡，到处都是能歌善舞的民间歌手，游人只要往篮子里投一个铜板，歌手就会为你唱一支妙不可言的民歌。于是老父亲灵机一动，专门请了个民间歌手当仆人，一边料理家务，一边教孩子唱歌。小亚里士多德借着铿锵动听的节奏，一下子就能把歌曲背得滚瓜烂熟。这就是音乐记忆法，在当时就是一种流传很广的很好的学习记忆方法。

老父亲发现孩子迷上了雕像作坊，当时希腊是远近闻名的雕塑之乡，城里有大大小小数十家雕塑铺子，匠人只要看一阵子图画，就可以依照图画制作出活灵活现的雕塑式样。于是老父亲就叫孩子到雕塑铺子里去拜师学艺，学习那些匠人惊人的记忆力，这就是色彩记忆和线条记忆。

每年4月4日，雅典城都要举行艺术狂欢节，演出3天大戏，城里男女老少倾城出动，去卫城大剧场看戏。亚里士多德特别爱看戏，早在3月柳枝发芽的时候，他就会一天一天计算日子，催促爸爸带他上卫城剧场看戏。雅典的大戏每天演出三场，大约10小时，而孩子却全然忘了疲劳，从早到黑看得津津有味，还能把许多台词背诵出来。由于大戏的内容讲的都是特洛伊英雄的故事，而老父亲早已把《荷马史诗》背得滚瓜烂熟，他就同儿子签订一个协议，每天晚上父亲给儿子讲一个特洛伊英雄故事，条件是儿子必须将故事情节复述出来。这在现代被称为语言记忆，同样也是培养记忆力的最好方式。由于日复一日地复述故事，儿子的记忆力非常优异。他不仅把父亲的医书阅读到了过目能诵的程度，而且还记住了哲学和数学方面的许多知识。他把每一个例题仔仔细细琢磨一遍，再去记诵有关例题的公式，例如毕达哥拉斯定理什么的。这就叫作理解记忆。

由于有了父亲从小精心培养的惊人的记忆力，亚里士多德广泛涉猎了政治学、戏剧学、心理学、医学、物理学、数学各个学科，并且广有成就，被历史学家称为"百科全书式的学者"，最后还当上了马其顿王子亚历山大的老师。

记忆力、观察力、注意力、思维力、想象力，这是孩子智力的五大构件。要让孩子出类拔萃，必须下大决心培养上述五大智能。

古代教育把记忆力作为最基础的技能加以训练，这是因为古代书写工具极不发达，信息保存手段相当贫乏，所以人的大脑就成了最重要的信息资料数据库，记忆量的大小也就成为学问高低的重要标志。

在现代，记忆力同样是学生学习的基本能力。目前中小学主要是学习基础知识，而基础知识的主要获得手段就是识记，所以记忆力好的学生往往就是成绩最优异的学生。

记忆力不是才能，也不是天生的，是经过努力才能获得的方法。有了这种信念，相信你的孩子会对记忆力的培养充满信心。

让孩子欣然关注

"关注它，你就能得到意想不到的收获。"这是丘吉尔的母亲帮助孩子提高学习成绩的著名心得。

1874年，丘吉尔出生于英国一个官员家庭，由于父亲职务的调动，他在2岁时就随同全家迁到了爱尔兰。小丘吉尔非常顽皮，整天爬到树上掏鸟蛋或者一头钻进狗圈里逗狗玩耍，对父母的劝告根本就不加理睬。

小丘吉尔不停地变动玩耍的花样，一会儿玩游戏，一会儿又上树捕蝉；一会儿下五子棋，一会儿又跑到教堂里看合唱队唱《圣歌》，注意力变动得过于频繁，丘吉尔成了当地有名的"淘气鬼"。

7岁，丘吉尔进了圣乔治寄宿学校，他是全校有名的淘气包。教师在台上讲课讲得头头是道，他却在台下制作纸船和纸鸟儿。教师讲授的努力自然成了剃头挑子一头热，他一句也没有听进去，成绩极其糟糕，是学校休息室里跪地板的常客。更为糟糕的是，小丘吉尔今天少学了一点，明天又少学了一点，结果他在学业方面欠账越来越多，以至于根本就听不懂教师讲些什么。这造成一种恶性循环，使得他对学习完全失去了兴趣。

看着孩子一天一天地消沉下去，母亲自然十分着急。这个最难管教的孩子，一下子由心肝宝贝变成了妈妈心头永远的痛。这时候，保姆爱维莉给她出了个点子："既然这孩子最大的毛病是注意力不集中，那么让他做些事情培养自己的注意力，事儿不就成了吗？"

丘吉尔的妈妈觉得挺有道理，就向自己的堂弟、教堂牧师米隆先生讨教。米隆说："注意就是选择，培养孩子的注意力就是让孩子专心关注一件事情，而对其他的干扰性因素充耳不闻，视而不见。我看哪，这事儿还得从孩子的兴趣开始。"

母亲茅塞顿开，决定按照米隆的意见办。孩子喜欢做纸鸟，妈妈就找了一些彩色纸张，天天陪着孩子做纸鸟，什么山鹰呀，鸽子呀，天鹅呀，一只一只地做，让孩子专心地做同一件事情。开始孩子能专心致志地做1小时，慢慢地能做2小时，这样日复一日地做下去，渐渐地有了注意力的持久性。接着，母亲开始辅导孩子的数学课。每每孩子做对了一道，妈妈就会不失时机地大加表扬。孩子有了劲头，便一道一道地做下去，久而久之，注意力也就能够集中了。

培养注意力的关键，是培养孩子关注同一件事的持久性耐力。妈妈懂得这个道理，下定决心在孩子的耐力方面多做文章。

母亲背上画板带着丘吉尔去野外写生。爱尔兰的秋天，丹叶飞红，红枫似火，母亲让孩子专画那一棵棵在万叶飘红中苍翠欲滴的雪松。母亲总是慈爱地呼喊着："注意那垂下的枝叶，你瞧它在阳光下闪烁的光彩被染成了紫色。注意树冠，它像骑士的长剑一样锐利而且直指苍天呢！"如此这般，母亲一张画板，孩子一张画板，两人比赛着、竞争着、互相鉴赏着，丘吉尔的注意力也在不知不觉中得到了锻炼和提升。

为了培养孩子的注意力，母亲还特别重视矫正孩子的不良习惯，比如说，孩子喜欢一边做作业，一边打开五音盒听音乐，母亲就会在这时候把他的五音盒放回卧室，避免孩子受到不良干扰。又比如说，孩子做功课经常心不在焉，想一些同功课毫不相关的事情。母亲就告诉孩子："不要三心二意，那是最糟糕的懒汉哲学。关注它，你就能得到意想不到的收获！"为了让孩子养成专心致志的习惯，母亲还采取措施，运用陪读的办法同孩子一起做功课，通过不断的问题提示使得孩子根本无暇去考虑许多无关的事情。就这样一点一滴，循序渐进，小丘吉尔一天一天改变了模样。为了让孩子避免无关因素的干扰，母亲就亲自去找校长，把孩子的座位安排到了第一排，这样孩子上课时的注意力也就明显集中多了。母亲的心思自然没有白费，经过长达6个月的注意力训练，丘吉尔已经能够毫不吃力地跟上教师讲授的课程了。后来，他还考上了当时最有名的桑德赫斯特军事学院呢。

母亲的教育对丘吉尔的一生都产生了极其深刻的影响，"关注它，你就能得到意想不到的收获。"这句话成了丘吉尔写在军校课桌上的座右铭。这种专心致志的注意力，最后酿成了他一生的成功。

众所周知，孩子获得知识的基本渠道是课堂教学，而将课堂教学的内容转化为孩子的知识素质的基础就是孩子的课堂注意力。

调查表明，注意力是影响孩子课堂学习效率最重要的因素。注意力集中并且持久的孩子，对课堂教学的知识转化率就特别高，而注意力不集中的孩子，课堂效率则每况愈下。最后这种注意力差距的积累导致了学生成绩差距的积累，从而不可避免地引发了学生学业成绩的明显分化。

调查数据同时表明，差生知识结构的缺陷是一种渐进的积累过程，这种积累的时间越长，矫正的难度就越大。而知识结构缺陷的根本原因并不是智力方面的，而是注意力方面的，或者说是由于学生课堂上的知识转化率过低而造成的。

注意力分为直接注意和间接注意，直接注意是因为孩子对某事产生浓厚的兴趣，从而将所有的精力专注于这一事物。间接注意是因为孩子对事物本身并没有很大的兴趣，但是她对事情的结果保持浓厚的兴趣，例如孩子可能对历史课没有兴趣，但是她对历史考试的成绩很有兴趣，于是也会集中注意力倾听历史课程。我们既要培养孩子的直接注意，也要培养孩子的间接注意，最重要的当然是培养孩子对于学业的持久性毅力和耐力，让孩子欣然关注。

让孩子勤于思考

"我思故我在。"这是法国哲学家笛卡尔的传世名言。

直到现在,我们依然能感受到这位伟大思想家的思想光彩。笛卡尔的成功离不开家教成就的高超的思维能力。

1596年,笛卡尔出生于法国风景迷人的拉艾小城。他父亲是布列塔尼最高法院的法官,地位显赫。可他本人却很不幸,从小就失去了慈爱的母亲,因而父亲就独自承担了抚养孩子的重担。

小笛卡尔5岁开始接受正规教育,8岁开始学习欧洲最深奥的学问"经院哲学",属于那种大器早成的孩子。可他有一个不大不小的毛病,特别喜欢睡懒觉。平时他晚上看书看得很迟,早上就泡在热烘烘的被窝里思考书上的问题。有人认为这是一个缺点,时不时地笑话笛卡尔,但是笛卡尔的父亲认为这是孩子的一个特点,他支持孩子说:"你有独立的思想就有独立的人格,根本别在乎人家说些什么。"

父亲特别注意培养孩子的思维习惯和思维能力,他告诉孩子说:"财产是靠不住的,再富的家庭也延续不了三代。权力也是靠不住的,再显赫的家庭也同样延续不过三代。像法国最有权势的人物希龙,威风了两代人也就让皇帝给贬掉了。最重要的是靠自己,靠自己的学识和才智,这才是最具有长久生命力的东西呀!而要获得这些,关键是要学会独立思考问题,具有思维能力。"

笛卡尔9岁的时候，父亲带他到勃艮第公爵家做客，公爵家刚从非洲买回来一群鸵鸟，每一只都是健壮无比和奔跑如飞的庞然大物，上面还能骑小孩子呢。有人说："别看这鸵鸟长得又高又壮，其实是胆小如鼠之辈。如果遇到敌人，就会把脑袋藏到沙子里，等着猎人去抓呢！"父亲笑着问孩子："有句俗语说'不要当藏头露尾的鸵鸟'，你说鸵鸟遇到危险的时候应该怎么办呢？"笛卡尔毫不迟疑地回答："如果鸵鸟遇到危险就把头藏在沙子里，那么它早就在地球上灭绝了，因为鸵鸟毛那么值钱，非洲人不抓它才是怪事呢？再说，它的腿那么长，身子那么高，也不大可能把头藏在沙子里呀。我想，它最好的逃生方式，应该是拔腿就跑！"笛卡尔非同凡响的一席高论，弄得周围的贵客们目瞪口呆。有人反驳说："藏在沙子里的鸵鸟已经成了人所共知的常识，你怎么能随便怀疑呢？"父亲就鼓励孩子说："常识也不见得句句都是对的。"

笛卡尔14岁那年，他又遇到了一个麻烦。笛卡尔父亲有一个好朋友是当地一位著名的商人，名叫希拉。希拉花了200法郎在巴黎买回来一只名贵的德国斑点狗，这在当时可真是一笔大价钱。然而买回来以后希拉不仅大失所望，而且叫苦不迭。因为这条挺好看的斑点狗是个超级哑巴，压根儿就缺乏看门的本领。它尽管出身名门，血统高贵，却白痴得像个大傻瓜一样，整天只晓得吃喝拉撒，把屎尿拉得满院子都是。

这弄得希拉非常恼火，曾经几次向笛卡尔的父亲诉苦说："干脆把这条懒狗拉到几十公里的野外扔掉,让它当野狗好了。"笛卡尔的父亲不愿意这样做,他交代笛卡尔,要他一定给希拉解决难题。

笛卡尔立刻拿出纸和笔,飞快地画出一根树干,然后再在树干上方描绘出几根树枝,并告诉父亲说:"这根树干就是斑点狗难题,这几条树枝就是尽可能多的解决办法。如此这般,我就采用数学解析的方法把狗的问题分解成了 5 个处理狗的方案。斑点狗不会看门也不会叫应该怎么办?

"第一,希拉先生最容易的处理办法当然是再买一只,这种处理方式最简单而且最高效。当然也不是没有缺点,至少希拉先生还得从口袋里再掏出 200 法郎。

"第二是把这条懒狗退回给狗场老板,当然这又得花费一大笔运输费用,而且这条懒狗又脏又臭,路上患了什么传染病也说不定。如果出现了上述情况,这就意味着增加一笔医疗费用。

"第三是训练狗按警铃,同样可以利用狗的灵敏嗅觉和听觉发挥它的效用。在正常情况下,估计教会一只狗按门铃需要 25~30 天时间,还得请一位比较好的猎狗训练师,其全部费用大约是 20 法郎。根据成本和狗本身的价值来估算,这笔支出还是挺合算的。

"第四是在狗窝里装一根触动绳。只要它一离开狗窝,就会碰撞绳子,触动警铃。根据我最近的观察,这条狗听觉特别灵敏,只要在 100 码以内出现脚步声,它就会像炮弹一样冲出来。因此可以断定，安装触动绳的办法费用最低而且肯定有效。

"第五是找出狗不会叫的原因并且进行有效的纠正。我们甚至还可以建议希拉先生在大门口竖立一牌子，上面写着警示：'注意不会叫的看门狗！凶恶的狗比会叫的狗更可怕！'这才有威慑力呢。"

父亲听了，大加称赞地对笛卡尔说：："你能够采用数学解析的方法来处理生活难题，这是一大发现！"

父亲的夸奖和鼓励，大大激发和增强了笛卡尔发展思维探索难题和研究科学的兴趣。1637年，他发表了自己的大部头著作《方法论》，提出一切知识都可以采用数学推理的方法来证实，从而一举成名。

爱因斯坦曾说过："发展独立思考和独立判断的能力，应当始终放在首位，而不应当把获得专业知识放在首位。如果一个人掌握了他的学科的基础理论，并且学会了独立思考和工作，他必定会找到他自己的道路，而且比起那种主要以获得细节知识为其培训内容的人来，他一定能更好地适应进步和变化。"

"思考、思考，我就是靠这个学习方法成为科学家的。"

当前西方国家已经把培养幼儿的思考能力放在教育的首位。美国教育界认为在学校只强调掌握读写能力而不会思考是不行的，这样不利于他们正常发展。必须掌握基本功中的基本功——思考功。他们说，应该鼓励孩子们动脑——创造性地思考，独立解决问题，自己做出决定，这对儿童成长至关重要！

因此，在美国的学校教室内到处可见挂着"走向独立解决问题的道路""记住聪明猫头鹰的话：'思考'"等巨型标语，孩子戴着的纸帽上写着"思考"，穿的汗衫上印着"我是一个小思考家"，处处提醒孩子去思考。

培养善于独立思考的人，是我们教育的目标之一。我们应当让孩子早一点养成勤于思考的习惯。

让孩子倾心想象

1425年4月15日，在意大利著名城市佛罗伦萨西南的一个小镇上，诞生了一个活泼可爱的小男孩。这给全家人带来了无限的幸福和快乐。

7岁时，他被送进了教堂附近的教会学校去读书。但他似乎对课堂上老师讲的那些枯燥无味的拉丁文不感兴趣。他经常偷偷地从教室里溜出来，到村子外的田野里去玩。

他的天真与好奇心，只有在美丽的大自然中才能得到满足。他经常一清早就从家里出来，在上课之前躺在山谷的草地上，出神地注视着平地飞起的云雀，想象着他们飞翔的奥秘，或者眺望远处隐隐约约的阿尔卑斯山的雪峰，不知道那上面是否住着神仙。有时他想象着自己身上长了翅膀，像云雀一样，飞到阿尔卑斯山，去找山上住的神仙。

每次外出，他总会带回一些奇形怪状的小动物或奇花异草，回家后观察，描绘。

时光流逝，日积月累，他画的东西逐渐有了一点画意，曾有一次，他花了一个月的时间把收集到的蜥蜴、蛇、蜘蛛、蜈蚣等各种小动物集中起来，从中选出具有特色的身体部分，拼凑起来再放大，画出了一个似幻似真的可怕的怪物。这位有着特别想象力的小男孩，就是后来著名的画家列奥纳多·达·芬奇。

在达·芬奇成名的道路上，不可否认他的勤奋与刻苦，但谁又能否认他那丰富而奇特的想象力对他的帮助呢？其实世界上的每个孩子，包括您的孩子，都是天生的梦幻家。

儿童文学家迈克·安迪曾经说过，他的《默默》和《说不完的故事》这两本得到儿童文学奖的作品，其生活来源就是那些出自于街头巷尾的孩子们的"梦幻之思"。

"梦幻"即想象力，在成人的眼中，那是一种不切实际的感觉，但在孩子的世界里，却是一个充满神秘与强大吸引力的理想处所。在这里，孩子可以骑着一条板凳，驰骋在辽阔的草原上；可以和一只小羊羔说悄悄话；可以是布娃娃的妈妈；可以是手拿玩具枪的无敌战士……

想象是智力发展的重要因素。人们把想象力比作智力的翅膀，孩子丰富的想象力是他们智力腾飞的重要条件。要开发孩子的智力，父母必须走进孩子的梦幻世界，去了解孩子，亲近孩子，发展并引导他们的想象力。

一个人想象力丰富，思路必然开阔，智力发展水平便会有所提高。世界著名的物理学家爱因斯坦就是由于其丰富的想象力而发现了相对论。据说他不是在书桌前发现相对论的，而是在近乎一种怪诞的想象中突发灵感而发现的。

夏天的一个早上，工作了一夜的爱因斯坦，走出了自己的书房。为了驱赶疲劳，他爬上了村子后面的一个小山头，清新凉爽的空气和悦耳的鸟鸣，使他顿感轻松了许多。爱因斯坦躺在小山头上的一块平滑的大石头上，眯着眼睛向上看，这时东方的一轮红日正冉冉升起，万缕霞光穿过他的睫毛射进了他的眼睛，爱因斯坦好奇地想，如果能乘着一条光线去旅行，那将是什么样子呢？于是他展开了想象的翅膀，在近似梦幻的世界里做了一次宇宙旅行。

神奇的想象力把他带进了一个地方，这个地方是经典物理学的观点所不能解释的。于是，爱因斯坦怀着急切的心情，走下山头，回到屋子里，提出了一种新的理论，以解释他的想象。而且他还坚信，这种理论比经典物理学还要正确，这就是震惊世界的"广义相对论"。

后来，爱因斯坦深有感触地说："想象力比知识更重要，因为知识是有限的，而想象力概括着世界的一切，推动着进步，并且是知识进化的源泉。"如果一个人想象力贫乏，思路狭窄，其智力就难以发展。因此，要开发孩子的智力就必须开发孩子的想象力。让孩子倾心想象吧，心所能达到的地方有多远，人生就有多远。

让孩子热爱学习

早在1560年,塔·布克,一个瑞士的钟表匠,他在埃及的金字塔游历时,提出了一个大胆的想法——金字塔的建造者,不会是奴隶,应该是一批欢快的自由人!

塔·布克这种看法否定了希罗多德在《历史》中所记载的,金字塔由三十万奴隶所建造的"历史事实"。但是,就是这种常人很难理解的"想法",在2003年却得到了科学考证的证实。在这一年,埃及最高文物委员会宣布,通过对吉萨附近六百处墓葬的发掘考证,金字塔是由当地具有自由身份的农民和手工业者建造的。

在四百多年前,为什么一个钟表匠能一眼看出,金字塔是自由人建造的?原来塔·布克是从钟表的制造中得出的这样的一个结论。

1536年,布克因反对罗马教廷的刻板教规,被捕入狱。由于他是一位钟表大师,入狱后,被安排制作钟表。在那个失去自由的地方,无论狱方采取什么高压手段,都不能使他制造出日误差低于1/10秒的钟表。可是,入狱前的情形却不是这样。那时,他在自己的作坊里,都能使钟表的误差低于1/100秒。

为什么会出现这种情况?起初,布克认为是由于制造的环境造成的,可是后来,他越狱逃到日内瓦,才发现真正影响钟准确度的不是环境，而是制作钟表时的心情。

在有关塔·布克的史料中有这样两段话：

一个钟表匠在不满和愤懑中，要想圆满地完成制作钟表的1200道工序，是不可能的；在对抗和憎恨中，要精确地磨锉出一块钟表所需要的254个零件，更是难比登天。

金字塔这么大的工程，被建造得那么精细，各个环节被衔接得那么天衣无缝，建造者必定是一批怀有虔诚之心的自由人。真难想象，一群有懈怠行为和对抗思想的人，能让金字塔的巨石之间连一片刀片都插不进去。

塔·布克是瑞士钟表业的奠基人和开创者。据说，瑞士到目前仍保持着塔·布克的制表理念：绝对不与那些采取强制性、有克扣工人工资行为的国外企业合作。他们认为，那样的企业永远造不出瑞士表。

由此可见，在严格监管的地方，在身心受到摧残的时候，别指望有奇迹发生，因为人的能力，唯有在身心和谐的情况下，才能发挥出最佳水平。

所以，我们的家长不要以管孩子管得严而感到自豪了，不要为孩子服管而感到得意了。"要我学"和"我要学"是有着本质的区别的。在家长严格监督之下，孩子也许可以按时地完成学习任务，但因为是处于一个"要我学"的被动状态，又怎么可能发挥出最佳学习水平？只有我们以引导孩子的学习兴趣为主，让孩子自主自发地学习，变"要我学"为"我要学"，使孩子的身心处于一种愉悦的状态，才有可能激发孩子的潜能，达到最佳的学习效果。

"学生应该是能发光的灯，而不是存储燃料的瓶"。我们教师和家长不要做学生思想的保姆，要让知识成为学生自己思考的果实。"带着知识走向孩子"，不过是"授人以鱼"；"带着孩子走向知识"，才是"授人以渔"。

我国著名力学家、教育家，中国科学院资深院士钱令希说："学习如同在硬木头上钻螺丝钉，开头要锤几下，搞正方向，把基础打牢，然后拧起来就顺利了。否则，钉子站得不稳不正，拧起来必然歪歪扭扭，连劲也使不上。"引导孩子学会学习也是这样，在最初的时候，就应该注意把发展的方向和运用的格局搞正砸牢。

张东的儿子马上就要升初二了，可从小学到现在的学习都是在父母不断的督促下完成的。早上起床要叫；放学回家做作业要催；预习和复习要监督；休息和放松的时间更要我们掌握，否则就会"超标"。老师在学期末的评语中也说，张东的儿子缺乏学习的主动性。

老子说"知之者不如好之者，好之者不如乐之者"，这就是内动力的激发。人有内动力才能更好地、主动地前进。那么，怎样才能变孩子的"要我学"为"我要学"，使得他们有内驱力，自愿、自觉、主动去学呢？

首先，不要过分督促孩子。

家长的任务是培养孩子的学习兴趣，而不是监督或督促他们去学习，要真正地把孩子的主动权还给孩子，给孩子一个平和、安宁、温馨的学习环境。

　　家长的唠叨，不停地催促、训斥，使家庭气氛紧张，孩子无法获得宽松宁静的学习环境，这绝对不是行之有效的办法，而且老是被大人督促着学习的孩子，就非常被动，时间长了，结果往往事与愿违，孩子就逐渐失去了学习的主动性。

　　当然，对一些自制力较差或年龄偏小的孩子，适当的提醒、督促是必要的，但也要讲究方法。比如孩子玩得太久了，家长可以用商量的口吻说："你准备什么时候做作业呢？"这样做的目的就是提醒孩子要自己安排学习，如果家长每天老是用命令的口气说："该做作业了，不要玩了！"时间长了，必然会引起孩子对你以及对学习的逆反心理，那还谈什么主动。

　　假如孩子的学习上的缺点很严重，比如马马虎虎的坏习惯等，父母对此要进行"责备"，但也应该变换不同的言语来指出，切忌唠叨，还要注意责备时语调应比平常说话的语气低一些，让孩子明显感觉到你所要表达的不是责怪，而是对他的关心。

　　其次，使孩子明确学习目的。

　　如果能让孩子了解，为了自己的前途，现在辛苦读书是绝对必要的，那么，对孩子来说，这就将成为一个比什么都强烈的用功动机。可以让孩子谈自己的理想，让他们的理想充分扩大发挥。这样一来，许多孩子会自然而然地领悟到：要实现自己的理想，现在就非努力用功不可了。

大家都知道，一般人的智力差异并不大，但为什么在同一个班里，同样的老师教，为什么有的同学能学得很好，而有的学习的效果却相差那么远呢？究其根本原因就是学习目标是否明确，有没有长远的理想和目标。学习目的不明确，不够刻苦，懒懒散散地过日子，不用功学，这些同学的学习成绩当然提不上去。久而久之还会对学习失去兴趣和信心，造成恶性循环。所以，想孩子学得好，首先要使孩子有明确的学习目的。

第三，创造适宜孩子学习的家庭气氛。

有位教育学家说过："在学习方面，人的最有价值的财富是一种积极的态度，而在这种态度下，头脑会因此产生一个新的思想而伸展，再也不会回到它原来的层面。"有研究表明，80%的孩子学习比较困难大多与压力过重有关，而要想提高孩子的学习效率的和开发的创造潜能，就必须设法解除这些压力。因此，我们要善于为孩子创造适宜的学习气氛，营造宽松愉悦的环境。对此，家长要注意以下几点：

最后，让孩子学会主动学习的方法。

当孩子提问时，不要推托，也不要直接告诉他答案，而是告诉他通过哪些途径可以找到答案。如查字典、从相关的报刊书籍中查找、动手实践等都是好方法。

鼓励孩子有不同见解。如果让孩子全部服从课本、老师、家长，是抹杀孩子的创造力，变成"死读书"了，长此以往，孩子对学习变得被动没有激情了。

孩子能否自主学习，还要家长真正的放手。学习上的事情，要尽量放手让孩子自己安排（比如何时做作业、看电视、休息等），家长可以适当给予引导和提醒但决不能包办，否则孩子会对父母有依赖感而缺乏主动。

让孩子果断决定

英国有份专为孩子办的报纸，该报拥有分布在世界各地的三四千名9～15岁的小记者。这些小记者揣着记者证巡游万里，遍访千家，在采访中表现得十分老练和超乎寻常的大胆和坚韧。这些小记者曾去采访过英国首相撒切尔夫人，对她无所不问，提出那些真正的记者们无论如何也提不出的问题。他们还大胆地去采访世界名流，一个8岁的女孩朱丽叶，在一次集会上，毫不犹豫地排开拥挤的人群去采访摇滚乐歌星乔治。她问这问那，直到乔治有点不耐烦地戏谑道："快些，快提出你真正的难题吧！"小朱丽叶却自信地回敬道："这应该由我决定！"

多么成熟、大胆的回答！多么自信、勇敢的孩子！

想想我们的孩子，4岁时让妈妈抱着走路的并不少见，而让小学生独当一面、承担社会工作，更是难以想象。而在美国，一个4岁的儿童弯腰费力地系鞋带的时候，如果你去帮他，往往会遭到拒绝。孩子会问："你知道我多大了吗？""不知道，但我想你还小。""我已经不小了，我都4岁了。"意思是他已经长大了，系鞋带这类事不需要别人帮助。这孩子身上体现的自主意识在美国是很普遍的。在美国，祖孙几代同堂的"大家庭"是罕见的，成年子女厮守在父母身边的极少。孩子中学毕业，就凭自己半工半读求学，如孩子所挣钱不足以交学费，父母可以资助，但以后子女要偿还。子女从不希望继承父母遗产。成家后，不管多么困难，也不会请父母照料自己的孩子。同样，父母不管多喜欢子孙辈，也不会承担抚养第三代的责任。美国的父母，从小就重视儿童独立精神和独立能力的培养，因此美国儿童都具有较强的独立意识，认为依赖别人是无能的表现，以独立为光荣。

为什么差别这么大？难道我们的孩子天生就缺少独立的能力和自强精神吗？

我们认为，这是教育的差异。孩子的独立能力的欠缺，往往是家长培育欠缺的结果。

我们的家长习惯于站在成人的角度，用成人的思维为孩子指明方向，告诉孩子要如何去做，而不让孩子亲身进行体验。事实上，为孩子们做他们自己能做的事，是对他们的积极主动性的最大打击。因为那样做不仅使他们失去了实践的机会，而且也使他们失去了自信和勇气，从而感到危机和不安全。安全感是建立在能用自己的能力去处理问题的基础上的。

父母亲这种自以为是的观念与行为，正是剥夺了孩子发展自己能力的权利，这恰恰是孩子成长的最宝贵的因素。孩子们能够自己完成的事，就让他们自己去完成，不要替他们去做。

为了让你的孩子尽早适应社会，父母们就要从自我做起、从现在开始、从小事做起，培养我们的小公主长大后的安身之本——独立能力！

在日常生活中，有多少事孩子们能够自己做主呢？现在大部分家长特别是一些年轻母亲，总认定"全面"照顾孩子是自己"义不容辞"的责任，因而事事处处总想"包办代替"。殊不知这么一来，孩子就可能产生强烈的依赖性。

现实中，许多人往往把好孩子的标准定为"乖"。何为"乖"呢？那就是听话——听父母的话，听老师的话。有许多家长在教育自己的孩子时经常会用到"听话"一词，如家长的决定与子女的决定产生对立时，家长就会要求子女"你要听话"。

可能父母觉得孩子对他们"听话"是一件好事，这样家长在对子女的教育中就可以减少许多的烦恼，可谓简单有效，但这知识短期的效果而已，如从长远看，实际上是得不偿失。

有关心理学家做过一个分析和研究，结果表明：当被问及"你要喝什么"时，回答"我想喝咖啡，不想喝红茶"的人比起回答"什么都可以"的人，将来在社会上更有作为。因为父母要求孩子"听话"，其实是正把孩子培养一个没有责任感，只有依赖性，不懂得自己用头脑思考而且怯懦的人，这类孩子在长大后遇到问题就不能独立分析、处理和解决，不能自主，唯唯诺诺，丧失独立的人格，抹灭孩子的创新精神，在这种教育方式下培养出来的人，一定很难有所作为。

要求子女"听话",从表面上看是强调子女对教师和家长的态度,实质上是一种意识强制,而忽视了孩子独立意识的培养。在漫长的人生道路上,人们会遇到许多十字路口,随时都要面临选择做出决定,而为人父母不可能替孩子决定一辈子。因此,孩子决策能力的培养才是父母"义不容辞"的责任。

下面这则教育孩子的故事,也许能给大家一些启发:

一位父亲开车送自己的女儿上学,但是由于路上堵车而迟到了,孩子怕挨老师的批评,就坐在车里哭,要求一定要父亲陪着才进教室,否则就不下车。孩子当时心里想的是:爸爸是一个有名气的画家,看在爸爸的面子上,老师可能就不会责骂她了。但是,这位画家父亲并没有因为孩子的哭闹而心软,而是果断地拒绝了女儿的请求,同时给了女儿两个选择,一个是自己进教室,另一个就是立刻回家。结果,女儿不得不自己走进了教室。

这位画家父亲的做法就明确地告诉了孩子,许多事情是你自己必须解决的,不能依靠别人的帮助。要知道,你今天不想面对的,明天还是一样需要你去直接面对。

不要在对待孩子的事情上"帮你没商量"了,孩子自己的事,他理所当然要自己决策;自己的行为,就要自己负责。家长这个观念的树立,对成长中的孩子有重要的影响。如果我们把决定的权利交给孩子,孩子就会对自己负责,就会做出让你也觉得吃惊的成绩来。主观地为孩子做决定,结果往往事与愿违。

孩子的自我决定的能力,只有在自我决定的过程中才能培养起来。这是父母必须知道和遵循的规律。要着力培养孩子的独立决策能力，家长可以按照下面的步骤进行：

让孩子自己决定可以从小处做起，小至出门穿什么、吃什么，大至以后主修什么科目、选择什么行业、家务的分配及压岁钱、零用钱的分配等都可由孩子自行决定。许多父母不放心，常在中途插手接管，反而弄巧成拙，不妨在一旁协助，为他做一些澄清或分析的工作，他会感激不尽的。这里面就包含了观察、分析、权衡、判断、综合等思维的过程。孩子每经历这样一次机会，其做决定的能力也就随之提高了一分。

假如孩子不会自己做决定或做出错误的决定，家长也不要马上给予批评，更不应该强迫孩子服从自己的意思。此时，正确的做法应该是多给孩子一些必要的提示以启发孩子，给孩子讲清其中的道理。

要让孩子了解不推卸责任很重要，因此再让孩子练习做决定时，也要让孩子承担做决定的后果从而不断学习，不断提高判断能力。如果小孩坚持穿裙子去操场玩，结果不小心弄破了皮肤，你不应该说："瞧，我叫你穿裤子对吗？"而应说："你想一想，如果我们下次再来操场玩，我们怎么保护好自己。"随着孩子年龄的增长，经验也随之增多，做决定的能力与技巧就会渐渐提高。

谢军12岁时，很想去棋队学下棋。她的妈妈是清华大学毕业的电子工程师，为独生女儿考虑更多的是她的学业和前途。于是，母女间进行了一次很严肃的交谈："你很喜欢下棋，对吗？"

谢军点点头。妈妈严肃地对她说："那好，不过你要记住，下棋这条路是你自己选择的，今后，你要对自己负责！"可以说谢军所获得的成功，与她妈妈的这番话不无关系。

"让孩子自己决定"，就是培养孩子的责任感，教孩子如何做人。这是父母对孩子的信任与尊重，这是小鹰飞上蓝天的力量！

让孩子主动表达

引导孩子学说话，是一件非常重要的事儿。小时候在农村听大鼓书，说书先生常说"南京到北京，人生话不生，话是拦路虎，不说话不行。"确实如此，人际交流最基本最直接的方式就是说话。有句俗语说："好马出在腿上，好人出在嘴上"，这话虽有一定的片面性，但也确有一定的道理。在实际生活中常常看到，有的孩子就是因为说话费劲，造成沟通障碍，影响了交际与发展。

应该说，为人父母者一般都比较重视教孩子学说话，但往往前紧后松，前认真后敷衍。在孩子基本能够表达意思、可以进行一般沟通之后，就再也没有兴趣和耐心去听孩子说话了。这种现象，不仅影响了孩子的语言发展和智力发展，也障碍了亲子之间的正常沟通。仅就孩子的语言发展来说，达到这种程度并不能算"大功告成"。

俗话讲："一样的话十样说。"说话的基本要求是，先得把意思表达清楚，让别人能听明白；还应该把话说准确，别让人产生歧义；尽量要把话说得生动有趣，能调动起听者的积极性；最好是再充分考虑环境、场合及对方有关情况，能追求到最佳沟通效果。一个人给人的第一印象主要在两方面，一是外表，二是语言，往往一张嘴就能让人看出是什么样的人。

现在，学校老师普遍反映，多数孩子上课时不愿意举手回答问题，即使说了也往往表达不清楚。语言能力是人类智力结果中最主要的三种基础能力之一，对人类其他能力的发展起着决定性的作用。

刘宾现在已经5岁了，这么大的孩子本该是活泼好动、爱说爱笑的，可刘宾却冷静得出奇，很少见他说话。据幼儿园的老师反映，刘宾一个学期只说了8句话！生活中常见的事物名称和一些简单的话，他都不会说。他在说话时，总是吐字不清，发音不准，而且结结巴巴。刘宾是生理有缺陷、发音器官有问题吗？经医生诊治后，并没有发现任何异常现象。那是什么导致刘宾的沉默寡言呢？

原来，在刘宾刚刚1岁时，爸爸妈妈都出国学习了，把他留给了奶奶。他们在国外一直待了3年才回国。在这3年里，刘宾整天和奶奶在一起。刘宾的奶奶没有文化，又加上由于丈夫过早去世，她长期一个人单独生活，养成了孤独、沉默的性格。她除了让刘宾吃饱穿暖以外，平时很少逗她说话。刘宾由于长期缺少与人交流的机会，错过了语言能力发展的关键期，才导致了今天的后果。

这则案例就说明，导致孩子沉默寡言的原因主要来自家庭环境。如果家长在生活中不多和孩子沟通，不能给孩子营造一个良好的锻炼语言表达的环境，不能给孩子自由表达的机会，把孩子的嘴巴封起来，其结果就会使孩子形成孤独、沉默的性格。

为此，专家指出，父母对孩子的"说"要进行引导，其要求是：用你的倾听和诱导来鼓励孩子的说，并为他的说"起兴"和"搭桥"。父母引导孩子学说话，关键就是两条，一是给孩子提供说话的条件，大人要有耐心去听；二是强化孩子把话说好的欲望，让他逐步知道说话也是学问。

但生活中常常有这样的情况：父母决定了一件事，孩子持有反对意见，刚说了一两句，父母就听不顺耳了，喝令他"住口"。父母老是觉得孩子不懂事，轮不到他们说话。其实，孩子从他自己的角度看问题，往往有独到的见解，哪怕孩子气一点，也的确可以启发父母，弥补父母的决定或认识的不足。

渐渐你就会发现，老是被"住口"二字打断话头的孩子，慢慢就变得沉默了，他也就懒得跟父母说话交流了。这是因为父母的"禁令"让他觉得自己的意见根本不受重视，说了也是白说。而一旦出现这种情况，孩子的自我表达能力便会逐渐降低。

现代社会，语言表达能力是人生中能否成功的关键所在。父母一定要注意培养孩子良好的语言表达能力，让孩子在任何时候都能够随心所欲地表达自我的感受。

让孩子自己解决问题

父母是培养孩子自立能力的第一位权威和老师。让孩子自己解决问题，就是培养孩子们独立面对生活的能力，培养孩子自理自立的能力。

现实的情况是，当孩子遇到自己解决不了的问题时，现在的父母很少有袖手旁观、不闻不问的。目前，大多数的家长对自己的孩子都是"点滴不漏""事必躬亲"，呵护得无微不至，不敢放手让孩子大胆尝试，更舍不得让孩子自己动手解决问题。殊不知，孩子总是要长大的，迟早要独立面对社会、面对人生，迟早要独立解决所遇到的问题。

邻居家的孩子洋洋，非常调皮，在未上小学之前，经常和另一家的孩子明明玩耍，两个孩子在玩的时候，经常发生诸如抢夺玩具一类的争执，而每在此时，洋洋总会求助爸爸，其爸爸就会气势汹汹地找明明算账，明明吓哭了，洋洋则会高兴得又蹦又跳，庆祝自己的胜利。

由此，导致洋洋更加蛮横。上学后，每当和同学发生了矛盾，他总会以"让我爸来揍你"来吓唬他的同学，因此，洋洋极不受其他同学的喜欢。他的爸爸在老师的指导下，明白自己的错误做法。

孩子的成长总是有各种各样的磕磕绊绊，在这个过程中，父母必须给他们自行解决问题的锻炼机会。孩子之间常有矛盾发生，当闹矛盾冲突时，父母不要挺身而出，那样的是非评判以及解决方式是我们成人的而不是孩子自己的，父母要把它视为教育孩子解决矛盾的良机，让孩子养成自己的问题自己解决的习惯。不要对自己的孩子太偏见，对孩子的纷争更不要介入太多。

不少父母认为，智商比情商更能决定解决问题的能力大小，但这是一个误解，研究与实践证明：社会经历和对问题的熟悉程度才是解决问题的关键因素。研究表明，孩子解决问题的能力比我们大人想象的大得多。孩子是否能成功地解决问题，更多地决定于他们的经历而非聪明程度。

孩子自己解决问题的能力培养渗透在生活中的点点滴滴，下面这位父亲教育孩子的方式就值得大家借鉴。

在儿子很小的时候，在这位父亲认为儿子能够完成一件事的时候，从不主动帮忙。孩子摔倒了，他只是不慌不忙地说："自己爬起来。"孩子玩玩具拼图，怎么也拼不好，他在一边稍加指点，然后告诉孩子："爸爸可不帮你，你能拼好的。"

儿子大些之后上了学，有一次，孩子放学回家对他说："爸爸，我们老师说要组织一次野炊活动，可是经费得自己想办法，不能向家里要。可是我到哪里去挣钱呢？"

对于此类事情，有的家长可能会认为，孩子这么小，老师这么安排，这不是难为孩子吗？于是，有的家长就主动拿出钱来，孩子也就心安理得地接受了。

但这位父亲没有这么办,他对儿子说:"自己的问题可要自己解决。爸爸只能提个建议,要靠自己的真本事挣钱。"后来,儿子就和同班几个比较要好的同学一起,替报社卖报纸,辛苦了一个周末,也挣到了足够钱。

这样的事多了,孩子也慢慢被锻炼出来了,遇事不再找父母,而是先自己想办法,实在解决不了,才要求父母帮忙。事实也证明,孩子在能力所及的范围,是可以自己去解决很多问题的。

我们做父母的,首先要相信自己的孩子具有自己解决问题的能力,绝不能事事包办代替,必须牢记:孩子们能够通过自己的经历学会解决问题,为他们创造机会,让他们自己解决问题。

对于哪些事情该父母做,哪些事情该孩子自己做,又有哪些事情可在父母的指导和帮助下完成,父母应把这些问题给孩子讲明白。对应当由孩子自己做的事情,父母应给其划定一个明确的范围,并根据孩子的不同年龄制定不同难度的目标范围。

而且,我们父母还要知道,孩子需要得到的是自己解决问题后的欣喜与满足,这就是孩子喜欢自己去尝试、去解决问题的原因。因此,父母应看到孩子有自己解决问题的潜在能力,切忌在孩子们不需要的时候擅自帮助他们,擅自为他们决定某种事情。当孩子遇到困难时,父母不应嘲笑、指责孩子,而是鼓励孩子动脑筋想办法,用引导的口吻帮助孩子寻找解决问题的途径或方法。

即使是很小的孩子,他们解决问题也会有多种可能的方法,只有放手让他自己解决一些力所能及的事情,孩子才能逐步学会自己处理事情，自己解决问题。教育是随时随地的，培养孩子各种能力的机会更是无处不在的。适当的时候，做父母的学会做一个"旁观者"，看着孩子在挫折中找到成功，在生活中得到教育，每一个孩子都有这个潜力，相信孩子会在独立中学会解决问题。只有如此，他在以后的人生路上，才能自己走得很轻松，知道如何去应对所遇到的一切。

父母在教育自己的孩子时，除了在日常生活中为他创设一些解决问题的情境外，还应逐步教给孩子一些和他人相处的方法，即解决问题或矛盾的语言和策略。这样经过一段时间的积累，孩子便逐渐能学会在解决问题时该使用怎样的语言和策略，也能学会怎样和他人共同相处。

因此，家长要努力为孩子提供更多的解决问题的空间，在必要时可以作为一名支持者给予他们一定的帮助，这才是聪明家长的最佳选择。父母自己遇到难题时要保持头脑冷静，不能表现出过分的沮丧、急躁与气馁。家长首先要敢于面对现实，积极想办法克服现实生活中的困难，才能为孩子做一个好的榜样，使孩子受到耳濡目染的影响，选择自己寻找解决问题的方法。

让孩子主动承担责任

梁启超说："凡属我受过他好处的人，我对于他便有了责任。凡属我应该做的事，而且力量能够做到的，我对于这件事便有了责任,凡属于我自己打主意要做的一件事,便是现在的自己和将来的自己立了一种契约,便是自己对于自己加一层责任。"

有教育家把责任心比作是进入21世纪的护照和青少年能力发展的催化剂。责任感是人们安身立命的基础,同时也是孩子前进的一种动力。社会竞争的激烈归根到底是人的竞争,人与人之间的竞争不仅是知识的竞争,更重要的是责任心的竞争。谁敢于承担更多的责任,谁就是赢家,谁就能胜出。缺乏责任感的孩子只会坐享其成,缺少前进的动力。

我国的一位领导到瑞士访问的时候,在一个洗手间里,他听到隔壁小间里一直有一种奇特的响动。由于这响动时间过长,而且也过于奇特,因此不觉引起了他的好奇心。

在好奇心的驱使下,他通过小门的缝隙向里探望。这一看更让他惊叹不已。原来,小间里一个只有七八岁的小男孩正在修理马桶的冲刷设备。怀着好奇他上前询问才知道,原来是这个小男孩上完厕所以后,因为冲刷设备出了问题,他没有把脏东西冲下去,因此他就一个人蹲在那里,千方百计地想修复它。而他的父母、老师当时并不在身边。这件事令这位领导非常感慨:一个只有七八岁的小男孩,竟然有如此强烈的负责精神,可见其国家或者说他父母对他的教育是非常成功的。

责任心是孩子终身受益的品质,更是一个人成就大小的基础。培养孩子的责任心是非常重要的,这是培养独生子女健康人格的基本内容之一。

要培养孩子的责任心，首要的一点就是要特别注意对孩子过失的处理。孩子由于年幼缺乏知识和经验，经常会造成一些过失，这毫不奇怪。譬如，一不小心打碎了他人的物品；一时冲动伤害了别人；粗心大意造成了麻烦等。发生诸如此类过失的时候，许多父母常常会责怪孩子，很可能就这样说："你怎么搞的？能这么做吗？赶快回家写作业去。"

虽然孩子遭到父母的一番训斥，但什么事也没有了，什么责任也不必负了，回去该学习就学习，该玩就玩。父母则留下来承担责任，又是道歉，又是赔偿。如此这般，孩子怎么可能有责任心？

造成孩子缺乏责任心的原因主要就是由于家长们给予了孩子过度的保护，致使孩子没有机会独立自主做本该由他们自己负责的事，久而久之，孩子的依赖性越来越大，并且孩子还逐渐会认为大人为他做事是理所当然的。

细想一下，不正是父母剥夺了孩子履行责任的机会吗？那么，如何培养孩子的责任心呢？

有这样一则小故事：

有一位朋友在法国朋友家做客，吃饭时主人家8岁的孩子用一小块面包逗小狗玩，狗跳起来撞翻了他手中的盘子，盘子碎成几块。男孩对父母说："你们看见了，是小狗打碎了盘子，不是我的错。"这时，父亲过来叫男孩离开餐桌到他自己的房间里去，想想自己到底有没有错。十几分钟后男孩走出房间，说："小狗有错，我也有错，我不该在吃饭时逗狗。这是你们多次对我说过的。"父亲笑了："那么今天你就该为自己的错误承担责任：收拾餐桌，并拿出零用钱赔这只盘子。"男孩同意了。这位朋友说，在法国多年，从未见过法国人在公共场合吵架。看来这个民族长期奉行自我检讨、勇于承担责任的习惯，真是一种润滑剂，它最大限度地减少了人际交往中的摩擦。

　　生活中的点滴小事，都是培养孩子的责任感的机会，无论孩子的独立行为的结果是好是坏，父母都要引导并鼓励孩子敢做敢当、勇于承担责任，而不宜由父母替孩子承担后果，以免给孩子提供逃避责任的机会，淡漠孩子的责任感。

　　另外，还要让孩子从小就学会做一个信守诺言的人，自己许下的诺言，就必须尽力去履行，只要是答应了别人的事情，就必须认真对待，这既是对别人负责，同时也是对自己负责。

　　此外，还有一点家长应该注意的是：要培养孩子的责任感，家长自己必须是具有责任感的人。

　　世界著名化学家、炸药的发明者艾尔弗雷德·诺贝尔对社会责任感就是来自于父亲的言传身教。诺贝尔的父亲老诺贝尔对研制炸药特别感兴趣。一次，诺贝尔问父亲："炸药是伤人的可怕东西，为什么还要研制它？"老诺贝尔这样回答孩子说："虽然炸药会伤人，但是，我们要用炸药来开凿矿山、采集石头、修筑公路、铁路、水坝，为人民造福。"听了父亲的话，诺贝尔接着说："我长大了，也要研制炸药，用它造福人类。"可见，父亲的责任感、事业心对诺贝尔的影响很大。

第七章
DIQIZHANG

他们都是被夸出来的天才

"物理学之父"——牛顿

牛顿，伟大的英国物理学家。1661年，就读于剑桥大学的三一学院。1669年，年仅27岁，就担任剑桥的数学教授。1672年当选为英国皇家学会会员。1685－1687年，在天文学家哈雷的鼓励和赞助下，牛顿发表了著名的《自然哲学的数学原理》，完成了具有历史意义的发现——运动定律和万有引力定律，对近代自然科学的发展，做出了重大贡献。1703年，当选为英国皇家学会会长。

牛顿不仅对于力学，在其他方面也有很大贡献。在数学方面，他发现了二项式定理，创立了微积分学；在光学方面，进行了太阳光的色散实验，证明了白光是由单色光复合而成的，研究了颜色的理论，还发明了反射望远镜。

可是就是这样一个伟大的牛顿，小时候竟被人称为"呆子"。要不是外婆、母亲、舅舅的赏识，他可以永远都是一个笨小孩。

牛顿5岁上小学，那时的小学是私人办的，带有私塾性质，而且是一种教鞭教育。学校请了一男一女两名教师分别教孩子们的文法和算术。孩子们稍有不听话，或者回答不出问题，就要挨打。特别是那位穿着黑色长袍的男教师，像个神父一样，一脸的严肃，讲话时一点表情都没有，动辄发怒，教鞭打在讲台上啪啪直响。孩子们个个感到害怕，一上他的课，就神经紧张。牛顿最怕上他的课，他怕听他的大声吼叫和教鞭拍打讲台的声音，所以总是低着头，眼睛不敢望着他。越是这样，越是被叫起来回答问题。那一天，是新生入学第一堂算术课，老师拿了一根粗粗的教鞭，不停地拍打桌子以镇住这些刚进学堂的毛孩子。

"伊萨克·牛顿，你站起来回答，一加二等于几？"

平时，外婆教过牛顿初步的算术，在制作小箱子、小桌子时也遇到过简单的加加减减，牛顿觉得这样的问题太简单。但他性格太过于内向，平常很少与人交往，说话更少，在这么多人面前站起来讲话是从未经过的，就不由得紧张起来。心里一急，便忘了该怎样回答，张口结舌了一会儿，好不容易憋出个"二"，立刻就听到哄堂大笑，接着是"噼噼啪啪"的教鞭拍打桌子的声音。牛顿又战战兢兢地答道："是……是三。"

"到底是二还是三？"

"这么简单的问题都答不上来，你还来上什么学。过来，脸朝那一边站好。"老师一边挥动着教鞭，一边走过来，拉起牛顿，让他在讲台边上罚站。顿时，牛顿感到血液像火一样往上直蹿，脸刹那间变红了。屈辱、自卑感像尖锐的刺扎痛了牛顿幼小的心灵。牛顿嘴唇颤抖着，却说不出一句话。

牛顿噙在眼里的泪止不住地落了下来，心里感到十分委屈，却听到老师奚落的话语："嚯，你怎么这么懦弱，这么容易掉眼泪，真没用。"接着又响起不少男同学的附和声音。

经过这件事以后,牛顿每次上课都很紧张,老师讲的东西一句都没有听清楚,也听不懂,所以每次回答问题都是结结巴巴的,前言不搭后语,老师也听不懂。对牛顿的提问,差不多都是以牛顿遭受一通大声训斥或打手心而告终。学校的这种环境使他愈来愈厌恶上学,越是不想上学就成绩越差,成绩越差就越被老师训斥和同学们讥笑。

牛顿经常被列入差等生的行列。虽然人们非常关心、同情这个可怜的孩子,可是,同学们却常常歧视他,有的甚至还欺负他。牛顿在学校里不知听了多少讥讽的话语,也不知挨了多少次同学的拳打。同学们还给牛顿起了一个绰号:呆子!一些调皮的孩子常常拿他开玩笑,搞恶作剧。

牛顿的那种孤独内向的性格本来是个缺点,但是和对大自然无限热爱的天性结合起来,缺点变成了优点——他总有一种探究自然奥秘的欲望。牛顿最开心的时候是他放学之后。这个时候他可以想做什么就做什么,不必按照别人的规定去想去说去做。只有这个时候,他是自由的、自在的。他有时连书包都不放便径直到河边树丛里去玩,去观赏大自然和做他的遐想。有时一进屋就扔下书包开始做他心爱的木工活。随着年龄的增大,他所做的东西也开始复杂了。由开始做小桌子小凳子小箱子等这些模仿性的东西,到逐渐做一些带有设计性的东西。

虽然牛顿在学校里不用功,但是小牛顿极善于观察,极善于设计。于是，在家中，尤其是在他那间小屋子里，却摆满了各种各样倾注了他心血和智慧的小东西。可能是由于经常观察自然现象以及爱沉思默想的缘故，他小小的脑袋里充满了各种各样的幻想和新奇事物。于是，当他一有新的想法，他开始动手把他的想法变成现实。他不知是从哪里搞来一些工具：小锯子、小锤子、小起子、小刨子……还做了一个小工具箱。一到他突发奇想的时候，就把这些东西搬出来，还有一大堆木板、木条、钉子、铁丝等，弄得一地的东西，横七竖八，有时搞得外祖母走路连下脚的地方都没有，而小牛顿呢，却趴在地上，一声不吭，埋头苦干，十分投入。就这样，入学后的牛顿在学校里学不到什么东西，却在自己的动手制作中独自摸索出了许多课本上学不到的知识。在老师与同学们的眼中的"笨"牛顿，而在姥姥心中，却是一个无比聪明的孩子。

14岁的时候，妈妈打算让牛顿辍学在家帮助维持生计。

可是，热爱钻研的牛顿并没有把心思放在务农上，他无时无刻不在思考自己的问题。他每天都心不在焉地干活，以至于闹出许多笑话。

有一次，他牵了一匹马在路上走，走着走着，那匹马脱掉了缰绳，跑回了马厩，但牛顿全然不知，仍在专心致志地思考自己的问题，手里一直牵着那根空绳子往前走。

另一次，牛顿骑马到了一处特别陡的山坡，他只得跳下马，牵着马上坡。当他和马走过坡顶后，牛顿竟忘了再上马，一直走着把马牵了回家。

一有时间,牛顿就抱着书看,在田头、在树下、在草地,牛顿一看书就忘记一切,根本部直到还有别的事要做,有时候鸡羊跑到田间把庄稼吃了他也浑然不觉。有时,母亲叫他同用人一道上市场,使他能熟悉市场行情和讨价还价的艺术,但是,每次走近镇子的时候,牛顿就恳求用人一个人去镇上做交易,自己则躲在小树丛后面读书,待用人转来的时候叫他。有时,用人做完交易后到处找不到他人,不知躲到什么地方去了,只得一人回家。牛顿忘情地看书,一直到肚子饿了或者天黑看不见了,才从书境中出来,想起来要回家。

有一天,牛顿的舅父起了疑心,就跟踪牛顿上市镇去,看他究竟在做什么。他发现他的外甥伸着腿,躺在草地上,还在聚精会神地研究一个数学问题,活像一个学识渊博的学者在研究自己的问题——确实,相对于同龄的孩子,牛顿完全可以称得上学者了。

有一次牛顿在放牧的时候,把羊群赶到村外的一片草地上,任其吃青草,而自己则抱着一本厚厚的数学书,躺在草地上专心致志地读起来。牛顿完全沉浸在数学王国里,不知不觉已临近中午。这时,牛顿当牧师的舅舅威廉·艾斯库恰好去他家从这里经过。艾斯库看到羊四处跑散,牛顿连管都不管地趴在草地上,就十分气愤地走过来。他一边叫喊着牛顿的名字,一边紧握着拳头,想要替妹妹好好地教训一下牛顿。而牛顿好像是什么事情也没有发生似的，只顾埋头读书。尽管舅舅已走到身边，他也没有察觉到。舅舅怒气冲冲地说："牛顿！你还在睡懒觉，羊都跑丢了。"听到舅舅的喊叫声，牛顿急忙转过身，放下手中的书，一骨碌地爬起来，拍拍脑袋便去追赶跑散的羊群……这时，艾斯库才发现草地上那本厚厚的数学书。舅舅恍然大悟：原来牛顿正在研读一本数学书啊！他抬头望着牛顿远去的背影，想到妹妹在信中谈到有关牛顿的情况，此时，他不但怒气全消，而且还被牛顿这种刻苦学习的精神所感动。他没有责怪牛顿，反而跑去帮助牛顿把跑散的羊群拢到一起，然后同他回到家里。

1658年9月，英国的护国主克伦威尔去世的前几天，一场罕见的暴风雨袭击了英伦三岛，河水泛滥，树木在狂风暴雨里拼命地挣扎，枝条像吹乱了的头发在风中乱摆。树木都无法站稳脚跟，更别说人了。门窗在狂风中颤抖，"嘎吱嘎吱"地响。大风刚起的时候，汉娜怕库房的门闩没有扣牢，被大风刮开，叫牛顿去扣门。可是，出去了好一会儿，为什么还没有回来呢？他去干吗了？汉娜提心吊胆地等着他回来。

风一阵紧似一阵，雨借风威，也哗哗地下个不停。汉娜实在放心不下，披上雨衣，连肩裹起，就向库房冲去。待她看到牛顿时惊呆了：被淋成落汤鸡的牛顿在暴风雨中跳来跳去，每跳一次，在落地的地方做上记号。

"伊萨克，伊萨克，你在做什么？"汉娜急切地呼唤着，冲上前去拉起儿子的手就往库房里跑。她生怕儿子发疯了。

牛顿跟着妈妈进屋之后，才用双手抹着头发上和脸上不断往下淌着的水，笑吟吟地说："妈妈，我在做实验呢！"

汉娜心疼地看着儿子，不解地问："做什么实验？"

"我在测风力。我看顺着风跳和反着风跳差距有多大，然后就可以计算风力有多大了。"牛顿说。

汉娜虽然不懂用这种方法怎样去计算风的大小，但是她明白这是儿子又钻研什么问题着迷了。通过牛顿这次"暴风雨中的试验"，汉娜更加清楚地认识到：让牛顿回家帮助自己干农活，将来当一名出色的农民，这个计划实在是错误的。因为牛顿完全被学习与研究迷住了，对于农活他毫无兴趣。虽然他不拒绝家务和农活，但精神上的兴趣和干农活之间的冲突，已经越来越激烈了。的确，如果对这样渴求读书和研究的孩子，继续强迫他干农活，那么，说不定能真的使他变成一个疯子呢！

从这些事例可以看出，牛顿在少年时代就具有发奋图强和敢于创造的精神，及善于构思和动手实验与操作的素养，为他后来重视实验和鄙视无根据的假设与空想作风打下了基础。

牛顿的母亲也渐渐地看出来了她的儿子不是一个种田的人。

于是，妈妈和舅舅不得不重新考虑牛顿的前途问题。牛顿的舅舅把事情看得更清楚，他劝妹妹把牛顿送到学校去读书，牛顿很可能不是一个粗俗的乡下孩子，他的表现与众不同，可能会成为一个特殊的人物，不要在这里耽误了孩子的前程。牛顿从此又上学去了。

如果当年不是牛顿妈妈和舅舅的转念一想,如果不是他们看重牛顿的研究精神,或许世上就永远不会有大科学牛顿,只能有一个失败的农人牛顿吧!可见,天才是赏识出来的,没有赏识哪有天才?

"进化论之父"——达尔文

达尔文是19世纪最杰出的生物学家,也正是他找到了生物发展的规律,成为进化论的奠基人,他的《物种起源》对近代生物科学产生了巨大而深远的影响,具有划时代的意义。

查理·罗伯特·达尔文,1809年2月12日生于英国希鲁兹别利,祖父和父亲都是著名的医生。

达尔文的母亲苏珊是著名制陶商的女儿,她不但和蔼可亲,也很有见识和教养。她喜欢栽培花卉和果树,时常利用各种机会培养达尔文对周围事物的兴趣;同时她又很有耐心,十分爱护他们的好奇心,每逢孩子们提出各种稀奇古怪的"傻"问题时,她从不横加指责,而是耐心地给予解答。正是妈妈的这份爱心和耐心,使达尔文对生物、对他所生活的这个奇妙的生命世界产生了最初的兴趣。

1815年夏季的一天,天气晴朗,蔚蓝的天空中飘着几朵白云,大地散发着诱人的清香。苏珊带着达尔文兄妹俩在花园里玩耍。孩子们采了一些花儿,又去捕捉蝴蝶。苏珊拿起花铲给刚栽的几棵树苗培土。她铲起一撮乌黑的泥土,轻轻闻了闻,然后把它培在小栗树的树根旁。

"妈妈,我也要闻闻。"达尔文兴高采烈地跑了过来,学着妈妈的样子闻着乌黑的泥土。突然,达尔文抬起头,好奇地望着妈妈,问道:"妈妈,您为什么要给树苗培土?"

"我要树苗和你一样壮实地成长,树苗离不开泥土,就像你离不开食物。"

"就像我离不开妈妈一样,是吗?"

苏珊会心一笑,说:"好好闻一闻,这是大自然的气息,是生命的气息呀!别看这泥土黑,它却是万物生长的基础。有了它,才有了郁郁葱葱的青草,才有了成群的牛羊,我们才有了肉和奶;有了它,花朵才能开放,蜜蜂才会成群飞来,我们才能喝到香甜可口的蜂蜜;有了它,才能长出燕麦和稻子,我们才有了粮食和面包。"

"那么泥土里为什么长不出小猫和小狗呢?"达尔文开始刨根问底了。

苏珊笑着对达尔文说:"小猫和小狗是猫妈妈、狗妈妈生的,是不能从泥土里长出来的。"

"我和妹妹是您生的,您是姥姥生的,对吗?"

"对啊,所有的人都是他们的妈妈生的。"

"那么,嗯,最早的妈妈是谁,她又是谁生的?"

"听说最早的妈妈是夏娃。不过,我只知道圣母玛利亚。"

妈妈用手指着远方教堂对儿子说，"就是教堂里那个圣母玛利亚，可能夏娃和圣母玛利亚都是上帝创造的。"

"那上帝是谁造的呢？"

"亲爱的，世界上有很多事，对于我，对于你爸爸，对于所有人来说，都还是个谜，我希望你长大了自己去找答案，做一个有出息、有学问的人。"

也许从那时起，生命从何而来的问题就印在了小达尔文心中，直到他最终自己找到这个秘密的答案。

强烈的好奇心和求知欲使年幼的达尔文把家里的花房、花园和门前大河两岸的绿色世界当成了自己最早的课堂。他不但天生喜爱动物，还喜欢收集各种植物、贝壳和矿物的标本。他时常独自坐在河边或塘边，静静地注视着水下的游鱼和缓缓流动的河水。在妈妈的悉心指导下，他学会了怎样根据花蕊来识别花草，怎样记住各种花草和树木的名称。随着对生物了解的不断加深，他对生物的兴趣也愈来愈浓了。

也许正是出于对生物的喜爱，达尔文对各种小生命也总是格外珍惜。他很喜欢摸鸟蛋，但绝不将鸟蛋全部拿走，否则他觉得鸟妈妈太可怜、太孤单了。

童年在无忧无虑中过去了，妈妈的耐心引导使达尔文对生物的兴趣产生了萌芽，尤其是生命从何而来更成了小达尔文心中最神圣的领地。也正是得益于母亲耐心的教导，他那良好的观察能力、敏锐的思维能力为他日后的成功打下了坚实的基础。

然而不幸的是，当达尔文 8 岁时，母亲去世了。此后达尔文即由其姐姐们照料。

母亲虽然过早地离开了人世，但母亲对生活的热爱，对美好事物的憧憬却给达尔文留下了极为深刻的印象。

这一年达尔文进入了一所私立小学，但他不喜欢课堂上老师讲的枯燥的《圣经》，却喜欢在课后观察蝴蝶、蜜蜂，捕捉昆虫。

上中学后，达尔文依然喜欢野外活动，学习成绩很一般，老师认为他"是一个平庸的孩子，远在普通的智力水平之下"，他的父亲认为他"除了打鸟、养狗、捉老鼠外，什么都不会干，将来会丢全家的脸"。

1825 年秋天，达尔文按父亲的意志进入爱丁堡大学攻读医学，但他对医学不感兴趣，闻到解剖用的尸体气味便恶心不止。他经常和高年级学生一起到海边采集海生动物标本，和这一带的渔民交上了朋友，有时还登上渔船捕鱼捞虾或去听地质学课。医学院的两年就这样过去了，他的医学课程学得很糟糕。父亲看到儿子学医不成，"习性"不改，非常气愤，就把达尔文送到剑桥大学去学神学，想让他将来成为一个牧师。

有一次，一个学生向牧师提问："老师，世界上各种各样的生物是怎样产生的呢？它们之间有什么关系呢？"

牧师庄重地回答："世界上的一切生物都是上帝按照一定的目的创造出来的。比如猫，被创造出来是为了吃老鼠，而创造老鼠就是为了给猫吃。自然界的万物都是不会变化的。"

达尔文不以为然，对神学课程心不在焉，浪费了许多宝贵时间。但不久他遇到了对他整个一生影响最大的一个人，这个人使他对生物学的热情再次迸发出来。

一个初夏的假日，达尔文为父亲不准他放弃神学专业而十分苦恼。这时，他的表哥约他去参观剑桥大学植物园，达尔文也想去散散心，于是也就欣然前往。然而，在此期间发生了对他"整个一生影响最大的一件事情"，这就是结识了亨斯洛教授。

亨斯洛是著名的植物学和矿物学教授，非常赏识达尔文的生物学才能，他们一起去近郊采集标本，有时为了采集稀有植物标本，他们还要长途跋涉。在旅途中，亨斯洛把接触到的每一种新奇的植物和动物以及每一块有特点的地层都当成生动的教材，向达尔文传授知识。

1831年，达尔文经亨斯洛介绍，跟随该校著名地质学教授席基威克前往北威尔士，考察那里的古岩层，学习发掘和鉴定化石。

这一年，达尔文在剑桥大学毕业。他把自己的两个发现写成了科学论文，在爱丁堡大学的自然科学学会上宣读，获得了好评，这使达尔文研究生物学的热情更高了。

1859年达尔文完成轰动世界的《物种起源》。马克思在仔细研究了这部书后指出："这本著作非常有意义，我可以用它作为历史上的阶级斗争的自然科学根据。"恩格斯则称《物种起源》为"划时代的著作"。达尔文成了生物进化论的奠基人。

站在客观的角度上说，如果没有热爱自然的苏珊就没有伟大的生物学家达尔文,没有亨斯洛教授的赏识也就没有伟大的生物学家达尔文。所以,达尔文也是被赏识出来的天才。

"发明大王"——爱迪生

爱迪生是一位闻名世界的伟大发明家。他一生的发明在世界上是无与伦比的。爱迪生的主要贡献有:在科学技术中最重大的贡献是发明了留声机和白炽电灯。在电影、有轨电车、矿业、建筑以及兵器等方面,有许多著名的发明创造。在一个真空灯泡里观察到热电子发射现象,后人把它称作"爱迪生效应",热电子发射的发现,为研制电子管奠定了基础。

爱迪生从小身体瘦弱,可有一股犟劲儿。刚学走路时,就拒绝别人的帮助。一双亮晶晶的大眼睛,对什么都好奇,都感兴趣儿。天天缠着爸爸问这问那。"天上的星星有几颗?""为什么会刮风啊?"爸爸总是被问得不知所措。家里人都害怕小爱迪生问的问题,因为很多大家都答不出来或者不知如何回答,可是他并没有因此而兴致大减。因为他有一个非常爱他的妈妈,这位伟大的母亲总会试图满足他,是他坚强而有力的后盾。由于妈妈的细心照顾,小爱迪生稍稍长大一些之后,就变成一个身体健壮、精神十足的孩子,他不仅不迟钝,而且非常活泼、淘气。

幼年时,爱迪生好奇心很强,不管什么事情,他都要问个明白。虽然这些问题很常见,但是很不容易回答。

比如，姐姐摔破了茶杯，他会问："茶杯掉到地上，为什么就破了呢？有摔不坏的茶杯吗？"哥哥提到了一只蜻蜓，他就会问："蜻蜓的眼睛为什么是长在头顶上而不是长在肚子上呢？"

因为爱迪生时常会问一些很奇怪，很古怪的问题，所以，人们望着他不大相称的身体时便会说：

"这个孩子一定不太正常。据说脑袋特别大，是低能儿的征兆。"

然而，爱迪生对大人们的说法并不在意。对他来说，这个世界真是充满了数不清的奇异事物。

他四岁时，有一次在一片茂密、苍翠的树林里专心地注视着什么东西。那草地上美丽的鲜花和树枝上唱歌的小鸟，都没有吸引他的目光，他究竟在看什么呢？

原来，他在看一棵大树上的一个很大的野蜂窝。这野蜂窝，圆鼓鼓的，浑身坑坑洼洼的，长满了小洞眼儿，像个倒挂着的大菠萝，真是巧夺天工，好看极啦。小爱迪生看着看着自言自语道："这个漂亮的蜂窝吊在树上，为什么不怕风吹，也不怕雨淋呢？这个野蜂群的家究竟是怎样的构造呢？"

好奇的小爱迪生踮着脚，正准备把脑袋伸进去探个究竟，只听"嗡"的一声，一群野蜂从蜂窝里朝他迎面扑来，把他蜇得连眼睛都睁不开了，最后还被野蜂蜇昏了过去。

"儿子，儿子，快醒醒啊，快睁开眼睛看看我们啊……"

不知过了多长时间，迷迷糊糊的好像耳边忽然传来了妈妈的声音,小爱迪生费劲地睁眼一看,自己躺在家里的床上。爸爸和妈妈正坐在床边,焦虑关切地看着自己。

妈妈南希抓住小爱迪生的手,紧张又关切地问道:"我可怜的孩子,感觉好点了吗,你现在感觉怎么样了?"

小爱迪生的父亲小萨缪尔非常生气,他本想冲着儿子大喊"是谁叫你去捅野蜂窝的!"可是此时,他面对被野蜂蜇得满头大包,全身红肿的小儿子,真是既心疼又生气,就说:"我的儿子,你真让我失望。你干吗非要去碰那些危险的东西呢?你这么不听话,往后要我们多为你担心啊!难道你不知道那些东西很危险吗,你这次差点小命不保你知道吗?"

小爱迪生听到父亲的话,也感到很后悔,加上浑身的疼痛,眼泪就稀里哗啦地流下来。南希一边为儿子擦眼泪,一边对丈夫说:"你就少说两句吧,阿尔是个懂事的孩子,他知道错了。"

其实,父亲说的没错,他比一般孩子更为好奇,不断提出千奇百怪的问题,并什么事情都想亲自去尝试一番。

有一天,小爱迪生到萨缪尔·温切斯特的碾坊去玩,看见温切斯特正在用气球做一种飞行装置试验,他想,要是人的肚子里充满空气,是不是也照样能飞上天。几天以后,他把几种化学药品搅拌在一起,叫他的好朋友迈克尔·奥茨喝下去,高兴地盼着他会飞上天,可迈克尔不但没能飞上天,反而肚子疼得哇哇大叫,最后,幸亏小爱迪生的妈妈及时赶到,找来医生,才化险为夷。

时间一晃到了1851年的春天,再过几天就是小爱迪生5岁的生日了。南希告诉儿子说:"妈妈养的几只大母鸡已经开始产蛋了,等到你生日那天妈妈给你做鸡蛋宴。"爱迪生听了,高兴地问妈妈:"妈妈,过生日为什么要吃鸡蛋?"南希解释说:"最近我看到一本书,书中介绍说过生日吃鸡蛋一年都会有好心情的。"

"真的吗,那可太好了!"

小爱迪生为妈妈的解释热烈欢呼。自从妈妈南希说了关于"鸡蛋宴"后他就天天守在鸡窝旁边,等着鸡下蛋。渐渐地他又发现一个新情况:他看见鸡下完蛋以后就把蛋压在肚子下面,这是为什么呢?他百思不得其解,便跑去问妈妈说:"妈妈,为什么那只母鸡老是趴在那儿?"

"它在孵蛋。趴在那儿是为了给鸡蛋加温啊。"

"哦,我明白了!给蛋加温就可以把小鸡孵出来!"

第二天,到了吃晚饭的时候,还不见爱迪生回来,父母急得团团转,便四下寻找。最后直到夜幕降临时才在场院边的草棚里找到了他,爸爸见他正一动不动地趴在放了好些鸡蛋的草堆里,就非常奇怪地问:"你趴在草堆里干什么?"小爱迪生不慌不忙地回答:"我在学母鸡孵小鸡呀!"

原来,他看到母鸡会孵小鸡,觉得很奇怪,总想弄清楚其中的奥秘,所以自己就想亲自试一试。当时,父亲看见这副滑稽的样子,又生气又好笑地把他拉起来,告诉他,人是孵不出小鸡来的。在回家的路上,他还迷惑不解地问:"为什么母鸡能孵小鸡,我就不能呢?"父亲答不上来了,只好赶快催他回家去。

爱迪生喜欢了解他自己感兴趣的事物。但是对于上学就另当别论了。爱迪生8岁那年上学,当时他家刚搬迁到另一个大湖旁的休伦港不久。整天困在教室里,他感到太没意思了。

像当时的大多数教师一样,这所学校的老师也信奉棍棒教育。爱迪生非常害怕藤条,尽管如此,他仍然学不进老师教的那一大堆知识。而他好问的习惯更使得老师生气。

一次爱迪生在手工课上做了一张凳子,但老师说:"你怎么这么笨,竟做出了世界上最难看的凳子!"爱迪生没有说话,默默地从桌子里又摸出一张小凳子,那老师不假思索地喊道:"哎呀,这张凳子是最差劲的!"可是爱迪生又拿出一张来,理直气壮地说:"你看,这张更难看呢,但毕竟是第一次做的啊!"听了这番话,他的老师哑口无言了。

爱迪生成了班上最差的学生,一连3个月都是如此。后来他听见老师议论他,说他有毛病,说他"addled"。爱迪生知道这是什么意思:addled 指的是坏的、变质的蛋。一怒之下,他冲出了教室,再也不愿回去。

南希觉得小爱迪生求知欲很强。在她看来儿子将来一定会有出息的,她不论在干什么时都忘不了教导小儿子。

五彩斑斓的大千世界,大大激发了他的兴趣,小爱迪生6岁就开始劳动了。他家附近的大榆树、红枫树,他天天都去观察,还对它们的生长做了认真的记录。他的胆子一天天大了起来,想法也一天天多起来。他想知道爸爸的仓库要是起火了,究竟能胜过多少个火炉子,于是,他点着了爸爸的仓库,结果仓库化为灰烬。

有一段时间爱迪生时断时续地去过一些别的学校。但大部分时间里是母亲亲自教他。或者不如说,她任由他去自学。在她的鼓励下,他如饥似渴地读书:莎士比亚、历史、《圣经》。在他9岁那年,有一天,她给了他一本科学方面的书,这是他第一次看这种书。书名叫《自然哲学的学校》,它让读者们在家里做一些简单的实验。从那时候起,艾尔的生活就起了变化。

他如痴似醉地将这本书读完,做了里面所有的实验,然后他做起了自己的实验。他买来化学制品,四处搜寻电线之类的边角料,在卧室里建起了一个实验室。他做的实验之一是将两只大猫的尾巴搁在电线上,将它们的毛相互摩擦,试图产生静电。唯一的结果是他被两只猫抓得鲜血淋淋!

生活中像爱迪生一样喜欢问问题的孩子其实有很多,他们的小脑瓜总是装满了"为什么",许多人都习惯对孩子那些异想天开、稀奇古怪的问题不加理会,或者轻易否定。爱迪生的妈妈却认真地对待、细心地回答孩子的每一个问题,这对培养孩子的想象能力、思维能力有很大帮助,使孩子强烈的求知欲望和好奇心不至于泯灭,从小就能养成勤于思考、勇于探索的习惯。爱迪生一生的成就就是对此非常好的佐证。当你遇到"为什么只有晚上才能看到星星?""为什么地球是球型而不是个正方体?"这样的问题时,不要头痛,更不要厌烦,耐心一点,认真一些,甚至鼓励孩子多问问题，说不定你也能培养出一个发明家、科学家。

伟大的革命家——列宁

列宁（1870-1924），弗拉基米尔·伊里奇·乌里杨诺夫·列宁是马克思、恩格斯创立的无产阶级学说及其事业的继承者。他创建了俄国布尔什维克党，并缔造了世界上第一个社会主义国家苏联，他是世界无产阶级及其他劳动人民的领袖和导师、殖民地半殖民地被压迫民族的朋友。列宁一生勤奋，除了革命工作外，还有著述达55卷。

列宁的母亲玛丽亚虽然只是一个普通的家庭妇女，但是她非常注意孩子的教育。

在小列宁身上倾注了大量的心血。她在做活的时候，特意选择了一个房间，窗户面向院子里的花园，这样，她可以随时看到孩子们在干什么，有时候，她为他们无忧无虑地玩耍而高兴，有时还被逗得哈哈大笑，但是更重要的是，她可以观察到孩子们的心灵和品质。玛丽亚觉得，这是孩子成长中最重要的一个环节。

有一次，小列宁把自己的一条裤子送给了班里非常贫穷的同学，玛丽亚知道后对儿子的善良夸赞不已。又有一次，列宁为了保护受大同学欺负的弱小的同学，遭到了大同学的毒打，回家后，母亲一边为他擦药一边表扬他的勇敢和正直，鼓励他不要怕。

小列宁是个好孩子，但是也曾有过撒谎的毛病。有一次，他和妈妈一起去姨妈家做客，他高兴极了，因为姨妈家有几个表兄弟，小列宁非常喜欢和他们做游戏。一进门，他们就大嚷大叫地玩开了，在房间里窜来窜去，开心极了，但是，忽然，小列宁一不小心，撞在了桌子上，桌上那个精致的玻璃杯"砰"的一声落在地上，碎了。妈妈和姨妈听到声音急忙赶来，问是谁打碎的。孩子们齐声说："不是我！"小列宁迟疑了一下，也跟着喊："不是我！"

妈妈一眼就看明白了事情的真相，但是她并没有当面揭穿小列宁。她也没有表现出生气，一句话也没有说。她想等待儿子自己主动说出真相，认识自己的错误。母亲沉默的暗示使小列宁受尽了"折磨"，他好多次想跑到母亲膝前，跟她说出事实，求她原谅自己，但是又没有足够的勇气。

玛丽亚依然沉默着，并不时暗示儿子，撒谎的人是连父母都不会信任他的。就这样，她一直耐心地等待着，她相信儿子有一天会主动"坦白"，跟自己认错。因为她暗地里观察，发现小列宁玩乐时没有从前那样无忧无虑，不再爱说爱笑，好像受着某种煎熬，非常不安。她有时候有些不忍心，但是，一想到疼爱孩子也不能对孩子的错误有所让步，她就继续沉默着。终于有一天，小列宁默默来到她面前，流着眼泪跟母亲原原本本讲了自己的过错，最后他乞求地说："妈妈，您会原谅我吗？您还会爱我吗？"玛丽亚高兴地说："孩子，妈妈就等着这一天呢，只要你知道自己错了，敢去面对它，以后不再犯，妈妈怎么会不原谅你呢？妈妈和以前一样地爱你！"

孩子有时候出于各种原因难免会撒谎。对于这个坏习惯怎样纠正呢？列宁的母亲意识到最重要的是让儿子自己从心灵上认识到自己的过失，因为自己的不诚实而感到难为情，从而产生诚实的良知。在儿子的思想斗争中，诚实的良知最终取得了胜利。

你的孩子撒过谎吗？你又是怎样对待的呢？大声斥责？严厉批评？还是和列宁的母亲一样用沉默来"折磨"他？其实，用什么方法，要根据孩子的特点而定。对于一个自觉性差、不很懂事的孩子，如果用列宁母亲的方法，可能就不奏效了。但是，撒谎的习性却是无论如何不能纵容的，它可以发展成欺骗、虚伪、狡诈等不良品性，会毁掉一个好端端的孩子。用对孩子最奏效的方法，坚决地阻止他撒谎吧，为了让他做一个品行端正的人！

20世纪最伟大的科学家——爱因斯坦

爱因斯坦是20世纪最伟大的物理学家，在物理学的许多领域都有贡献，比如研究毛细现象、阐明布朗运动、建立狭义相对论并推广为广义相对论、提出光的量子概念，并以量子理论完满地解释光电效应、辐射过程、固体比热，发展了量子统计，并于1921年获诺贝尔物理学奖。

爱因斯坦刚生下来时，脑袋特别大，与他身体的比例很不协调；尤其是后脑勺，不但大，而且有棱有角。要是一般的父母一定会担心孩子会不会是畸形儿,然而爱因斯坦的父亲赫尔曼·爱因斯坦却说:"那可能是因为他那颗脑袋里装的智慧太多了!"一句话,饱含了他对孩子的期望。

转眼,爱因斯坦2岁了,但却不能像大多数孩子那样开始咿呀学语,而且孤僻缄默得让人生疑,人们再联想起那颗不甚正常的头型,他们简直不敢再想下去了:"这孩子会不会是个哑巴或者痴呆?"

等小爱因斯坦快3岁时还不会说话。他的母亲波琳就对丈夫说:"亲爱的,你不是说咱们儿子大脑袋里装满了智慧吗?可是他都这么大了还不会说话,那脑袋里究竟装了些什么呢!"

但是,父亲对自己这个大脑袋儿子仍然抱有信心,他说:"你别看他说话晚,等到他会说的时候,一定说起来就没完!"

这个时候,爱因斯坦虽然不会说话,但耳朵对音乐却极为敏感。

有一次,母亲在自家的花园里弹钢琴,当她正弹得起劲的时候,突然发觉后面有响动,她回过头去,发现小爱因斯坦正歪着大脑袋,聚精会神地听她弹奏,而且看那样子,分明是已经听得入迷。她微笑着拍拍爱因斯坦的头:"我可爱的宝贝,看你入神的样子,难道你听懂了吗?"

接下来,每当母亲坐在钢琴前演奏贝多芬等一些著名作曲家的作品时,他都会悄悄地坐在母亲的旁边静静地倾听。小小年纪的他就懂得音乐不仅可以抒发内心的情感,还可以像画笔一样,描绘出蓝蓝的大海和柔和的月光，真是太美妙了。

母亲通过一次次地观察，认为"大头儿子"肯定有音乐的天赋，于是请来城里一位最优秀的小提琴手，做爱因斯坦的家庭音乐教师，专门教他演奏小提琴。爱因斯坦进步虽不是很快，但他非常刻苦。渐渐地，他已经可以断断续续地演奏部分莫扎特作品的片段了。

小爱因斯坦不会说话，就进入了音乐的世界，究竟在这个世界他看到了什么，谁都不得而知，但有一点是肯定的，那就是他找到了自己所希望的东西。

可是，事情并没有像父亲所希望的那样发展。

小爱因斯坦快到4岁时才开口说话，也并不像父亲预料的那样"说起来就没完"。相反，是整天沉默寡言。

小爱因斯坦终于开口说话了，这让波琳太太一颗悬着的心渐渐地放了下来。不过，这个沉默恬静的小孩还是有意识地回避与他年龄相仿的伙伴们，从来不跟别的孩子玩，经常一个人躲在安静的地方沉思。

母亲尽可能多地抽出时间来和小爱因斯坦交流。这样做的目的，是为了把他从封闭的世界中拉出来，促进其语言的发育。只要她的儿子能够把自己所想的事说出来，那么她就可以帮他了。

但是，等小爱因斯坦稍稍长大些后，性格也很古怪，他从来不跟同龄的孩子们玩。

爱因斯坦5岁时，父母为他请了一个家庭女教师。第一次上课时，爱因斯坦大概发现自己将失去自由的个人世界，又一次大发脾气，向老师扔椅子以示抗议。为此，爱因斯坦的父母只好马上结束这第一次还未开始的教育。

有一天，爱因斯坦夫妇外出最来，当他们一推开院门时，不禁大吃一惊：院子里有一座楼房的模型！那模型跟真楼房的样式几乎没有什么区别，简直是真楼房的浓缩！

等再仔细一看，原来这座微型楼房全是用小废木块搭的。

而且那些小木块互相咬合在一起，着力平均，好像一个懂几何学和力学的中学生搭的。

他们不相信这是小爱因斯坦的杰作。

父亲问小爱因斯坦："儿子，刚才有谁来了？"

小爱因斯坦说："谁也没来。我不希望有人打扰我！"

母亲指着楼房模型又问："那么这幢小楼是谁搭的？"

小爱因斯坦头也不抬地说："当然是我搭的了！"

母亲抱起小爱因斯坦就亲个没完。这件事让她更加确信小爱因斯坦不像自己表现得那样笨，而是一个聪明异常的孩子。

值得庆幸的是，爱因斯坦的"独特"之处并没有被父母视为一种异端而遭受歧视，因此才使爱因斯坦能够成长为一位伟大的物理学家成为可能。这一点，是值得很多中国的父母借鉴的。

在爱因斯坦的童年时，还有一件非常值得一提的事。

一天傍晚，下班回来的赫尔曼先生一踏进家门，就对着爱因斯坦的房间大声喊:"阿尔伯特,快来看看爸爸给你买什么礼物啦!"

正在专心练琴的爱因斯坦一听"礼物"两个字,便立即兴高采烈地从房间里跑了出来。

只见爸爸从他的包里取出一个纸盒,然后小心翼翼地慢慢打开它。

爱因斯坦好奇地接过来一看,里面装的是一个圆圆的、像大个儿怀表一样的东西。只是这个"大怀表"的四周除了均匀的刻度,还相对写了四个字母:N、S、E、W。它与怀表更大的不同之处还在于它只有一个指针,它正在不停地左右摇摆。

"这是什么呀?是不是一块手表啊?可是,上面似乎多了点东西。"爱因斯坦惊疑地问爸爸。

"听我给你讲啊,它不是表,表是用来计时的,而有了这个东西,你就可以知道方位了,它是用来确定方向的。"父亲耐心地做起了讲解员。

当爱因斯坦发现这个罗盘有如此神奇时,眼睛便开始发亮。现在,这罗盘奇妙的功能已使爱因斯坦爱不释手了。

他拿着罗盘不停地晃动,不管怎样摇动,磁针总是指向一个方向——北方。

"磁针为什么总是指向北方呢?"爱因斯坦望着神奇的罗盘,像是自言自语地说。

"这是因为我们所住的地球,有一种磁力,这种磁力将磁针引向北方了。"爸爸听了爱因斯坦的话后，耐心地解释道。

"这种磁力到底是在地球的什么地方呢？"

"可以说，整个地球到处都有。"

以后，一连几天，爱因斯坦常常双手捧着那个小小的罗盘发愣。他不断地尝试着把它翻转，或是缓缓地转动方向，可无论他怎么做，那个小指针始终指着北方。他知道，这是那个看不见、摸不着的地球磁场在起作用呢。他想和那个小指针一起感受这个地球磁场，指针依旧指着北方，而他自己却什么也没有感受到。

一天，爱因斯坦终于忍不住去问雅可布叔叔，因为雅可布叔叔不仅读过大学，而且还是一名工程师。

"雅可布叔叔，您能给我详细说说有关磁场的事吗？"他扬起小脸，眼睛里充满对知识的渴望。

"阿尔伯特，你才这么小，怎么就问起这个问题来了。"雅可布叔叔感到有点奇怪。

爱因斯坦小心翼翼地从怀里取出那只罗盘，然后问道："我看不到磁场，也摸不着。那么它是怎样让罗盘的指针指向北方的呢？"

雅可布叔叔对爱因斯坦的问题也感到有点为难，因为他对地球的磁场问题了解的也不是很透彻，只好说："这个问题我一时也不知道该怎样回答你，或者，不知道怎么说你才能明白。你现在还小，等你上了中学、大学，就能够明白了。说实话，很多问题大人也在研究。"

"那——磁场看不到也摸不着,我们人类又怎么知道并确定它存在呢?"爱因斯坦没有办法,只好退一步问。

"它是存在的。罗盘里的指针不就是很好的证明吗?其实,世界上很多东西都是我们用眼睛看不见、摸不着的,不过它们的确存在。如引力场,在地球上我们叫它重力场,它也和磁场一样是存在的。我们把一件东西扔到空中,它又落回到地面上,这就是因为重力场的作用。"

爱因斯坦还是听不太懂,但他潜意识中觉得叔叔说得对,所以认真地点了点头。

雅可布叔叔对爱因斯坦说:"世界上所有自然现象背后遵循着一定的规律。这个世界就是由这些看不到却一定存在的规律统治着。虽然看不到,但我们却能够发现它,认识它。"

"它们和上帝一样,是吗?"

雅可布叔叔笑了,说:"有点像。不过它们是两码事。"

爱因斯坦心里盼着自己早日长大,那样,他就可以搞清楚一些事情背后的原因了。

爱因斯坦经常会陷入苦思冥想之中。雅可布叔叔非常高兴,他认为这种平凡而又神圣的好奇心,正是一位爱因斯坦成长必需的动力!

爱因斯坦在学校的时候总是心不在焉,总希望快点下课,好快点回到自己那个广阔的世界中去。

爱因斯坦的这种表现,当然不会得到老师的喜欢,所以在大多数老师的眼里，爱因斯坦并不是一个好学生，因为他既不守纪律，又整天显得心事重重，谁也搞不清楚他到底在想什么。

赫尔曼先生为了儿子上学的有关事宜跑到学校，负责接待赫尔曼的是学校的训导部主任。看着主任那张挂霜的脸，赫尔曼小心翼翼地问："按我的儿子性格特点，将来应该从事什么样的职业？"

没想到训导主任竟毫不客气："不用问了，你的儿子无论做什么，都将会一事无成。"说完，他轻蔑地望了爱因斯坦的父亲一眼，便低头开始忙自己的事了。父亲手足无措地站在那里，心里非常难受，他不知该说些什么，也不知该做些什么。

过了一会儿，那位主任又抬起头来，把爱因斯坦在学校的一切"不好"的表现一一向赫尔曼介绍，说所有的老师都嫌爱因斯坦性格孤僻，大脑迟钝，并指责他"不守纪律、心不在焉、想入非非"。

"偏见，这一切都是偏见造成的。我的儿子，阿尔伯特·爱因斯坦是一个好孩子！"赫尔曼在心里恨恨地说。

后来，爱因斯坦因为沉醉于自学，被学校勒令退学。父亲依然坚持："我的儿子，阿尔伯特·爱因斯坦是一个好孩子！"

大家想一想，爱因斯坦4岁才开口说话，从小性格古怪，甚至有些木讷，上小学时成绩不好，中学时被勒令退学，在常人眼里，这是不是一个笨孩子？可是，爱因斯坦的父母用赏识的眼光发现了他超人的音乐天赋，发现了他可贵的探索精神，从此为他打开了通向广阔人生的大门。爱因斯坦成功了，但一切首先取决于他父母教育的成功。

全世界的榜样——海伦·凯勒

海伦·凯勒——一个生活在黑暗中却又给人类带来光明的女性，一个度过了生命的88个春秋，却熬过了87年无光、无声、无语的孤独岁月的柔弱女子。然而，正是这么一个幽闭在盲聋世界里的人，用生命的全部力量处处奔走，创建了一家家慈善机构，为残疾人造福。她不仅用行动证明了人类战胜生命的勇气，而且还将自己所经历的痛苦和幸福记录下来，给后世以勉励。著名作家马克·吐温说19世纪出了两个杰出人物：一个是拿破仑，一个是海伦·凯勒。

1880年6月27日，海伦在美国亚拉巴马州的塔斯坎比亚小镇诞生。父亲亚瑟凯勒，曾经担任过南北战争时期南军上尉，后来成为"北亚拉巴马州人"周报的老板和主编。海伦的母亲凯蒂海勒，系出名门，祖先曾经当过维吉尼亚州的州长。

海伦是家中长女，12个月大的时候，她就已经学会走路，生活充满欢乐。一岁半以前，聪明又活泼，带给家人无与伦比的快乐。突然，一场无情的疾病，家庭医师诊断为"急性的胃与脑的充血"，使海伦便又聋又瞎，因而也失去说话的能力。海伦从此被关入寂静、阴郁的黑暗里。

随着成长，海伦愈来愈想要表达心中的想法，却无法为家人朋友所理解，因而常常生气，甚至用恶作剧来发泄心中的愤怒，他无法像一般的小孩一样掌握生活的基本能力和常规，她用手抓东西吃，脾气暴躁，生气乱摔东西，可以说是父母无法管教的"不驯的小怪物"。

海伦·凯勒不正常的举动，家人都理解和宽容她。家人，尤其是母亲给了海伦·凯勒比以往更多的关心，更多的爱。

母亲对海伦·凯勒非常爱护。葡萄和樱桃刚刚熟，母亲就千方百计给她带些回家，让她最早感受到新年新鲜水果的滋味。一有空，母亲就带她到院子里散步，母女俩手牵手，在树荫下走过，在花丛中徜徉。海伦·凯勒用手、用心感受着大自然的变化，感受着母爱。

父母还通过盲人教育家亚历山大·葛理翰·贝尔的介绍，请到苏利文来当海伦的家庭教师。

1887年3月3日，苏利文小姐来到海伦身边，改变了海伦的一生，她以无比的爱心和教育的热诚，让海伦从黑暗寂静的世界中走出来，拥抱世界的光明。在她的帮助下海伦从大学毕业，而且还成为推动残障人权与残障福利的斗士与勇士。

苏利文老师，她从来不相信海伦会是一个无可救药的坏孩子。她知道海伦·凯勒听不到，看不到，也无法说话，于是她开始教导海伦·凯勒手语，并且把握日常生活当中的每一个机会去教导她。当苏利文老师送给海伦·凯勒一个洋娃娃时，就会在她的手心上拼出"d-o-l-l"这几个字，海伦·凯勒以为老师在和她玩游戏，于是她很快就学会了并且向妈妈炫耀。渐渐地，海伦·凯勒学会拼出很多字，但是她不明了这些手语是做什么用的。但是苏利文老师并没有放弃，依旧用爱心和耐心，尝试用许多方法来鼓励她。

有一天，苏利文老师将海伦·凯勒的手放在喷水孔下面，让清凉的泉水溅溢在她的手上，同时在她的手里写下"w-a-t-e-r"这几个字。突然间，海伦·凯勒了解到这就是语言，而这个流经手上美妙清凉的东西叫作"水"。海伦·凯勒兴奋地有些颤抖，她学到了生命当中重要的一课：原来每一样事物都有一个名称。同样感到欢喜的人，就是苏利文老师了。

从此以后，对海伦·凯勒而言，每一样事物似乎都变成了活生生的东西，因此她变得快乐而有自信。

苏利文老师还带着她体验大自然，融入大自然。苏利文老师也教她怎样去欣赏树木的芬芳，花朵的美丽，她获得的知识越多，就越感到这个世界的可爱。有一天，苏利文老师引导海伦·凯勒，什么是"爱"她说："海伦·凯勒，你知道吗？被烈日晒了一整天的花朵和干渴的土地，在获得雨水时是多么高兴啊！而'爱'也是无形的，但是你可感受到爱带来的甜美。没有爱，你将无法提起兴致，而变得死气沉沉。"老师的这些话在海伦·凯勒的脑海中激荡，她逐渐体会到什么是"爱"。

每当遇见海伦·凯勒高兴或感兴趣的事物，苏利文老师都不厌其烦，再三地教导海伦·凯勒。当学到地理时，苏利文老师便用黏土做出突起的地图，让海伦·凯勒可以摸出山谷，山脊以及弯曲的河道。

满怀爱心的苏利文老师把握每个机会，把快乐和知识倾注给海伦·凯勒，让她的生命从小水滴逐渐成为一条宽阔的大河流。

苏利文老师在海伦·凯勒的心中，除了是老师，也像是母亲一样，时时关心她，了解她的需要，给予她安全感。

当海伦·凯勒进入学校读书时，苏利文老师更在一旁寸步不离地陪她上课，用手语为她翻译教授的上课内容。

海伦·凯勒突破生理上种种的障碍，一天天地进步成长，以至于后来声名大噪，成为家喻户晓的人物。

海伦·凯勒，一个又聋又哑的孩子，都能在赏识教育中成长为一棵让世人瞩目的参天大树。何况，您那健康的孩子呢？看来，他们如果没有足够优秀，只能怪您还没能领略赏识教育的实质吧！

绘画艺术大师——毕加索

毕加索一生是个不断变化艺术手法的探求者，印象派、后期印象派、野兽的艺术手法都被他汲取改选为自己的风格。他的才能在于，他的各种变异风格中，都保持自己粗犷刚劲的个性，而且在各种手法的使用中，都能达到内部的统一与和谐。他有过登峰造极的境界，他的作品不论是陶瓷、版画、雕刻都如童稚般的游戏。在他一生中,从来没有特定的老师,也没有特定的子弟,但凡是在20世纪活跃的画家,没有一个人能将毕加索打开的前进道路完全迂回而进。风格独创且缤纷多变的现代艺术魔术师毕加索,以他绚烂的彩笔,创作出一幅幅影响深远的巨作。

毕加索有着绘画的惊人天赋,但小时候在要求循规蹈矩的学校里,他根本就不是社会所认定的那种好学生。

对毕加索来说,上学一开始就是一种磨难,这个好动的孩子,对遵纪守法深恶痛绝,而对于需要不断创新的绘画来说,背叛传统,不屈服传统的精神则显得非常可贵。

随着每天的上课铃一响,毕加索那难以忍受的煎熬就开始了。1小时对他来说是那么长无止境,没完没了,老师滔滔不绝的讲课,对毕加索来说无异于噪音。有时,他目光呆滞,对周围似乎毫无反应,他的精神在稀奇古怪的幻想天地里遨游。有时,实在忍受不了,他会随时在课堂上站起来,走到窗前敲敲玻璃,满心希望学校对面的姑夫安东尼把自己解放出来。

就这样,上了两年学,小毕加索根本就学不会最简单的算术题,更谈不上读书了。毕加索的注意力太分散了,他后来回顾道:"一加一等于二,二加一等……我脑子里根本就没去想。老师认为我未做努力,我当时也拼命想集中自己的注意力。我常常这样对自己说:现在我要集中注意力了,咱们瞧着就是。二加一等于……一点钟……啊!不对。"

虽然毕加索有着绘画的惊人天赋,他在学校的表现,常常被同学讥诮为"呆子"。有时一下课,同学们就走到依旧呆呆发怔的毕加索面前,逗弄他:"毕加索,二加一等于几?"而毕加索的老师则认为这孩子根本就不具备学习能力,他的智力太低了,以至毕加索的老师多次跑到毕加索的父母面前,绘声绘色描绘毕加索的"痴呆症"症状。为此,毕加索的母亲又羞又恼,好像根本没脸见人。

本来镇上的人们对毕加索的天赋大为惊异,现在他们则一反常态。要知道,天才肯定具有极高的智商,因而小毕加索根本就不是天才,单有绘画才能有何用处,他的父亲堂·何塞不就是一个落落寡合的小画家吗?他连自己的家都养活不了!在本镇多数人看来,写写画画的人不是性格乖张,就是吊儿郎当之徒。

整个社会似乎已有公论:毕加索是一个傻瓜。面对来自社会的讥嘲与蔑视,何塞绝不随波逐流,这不仅仅源自舐犊之情,而是他认为只有他才真正理解与赏识孩子。如果从世俗的眼光来评价一个孩子,那么父母亲极易为流俗所左右,而缺乏对孩子的独特的发现与认识。何塞坚持自己的意见:毕加索读书不行,绘画却极有天赋。事实上,我们在教育孩子时,多少人是以他人的眼光来认识儿子的,又是以社会的标准来要求孩子的,他们总喜欢拿自己的孩子与同龄的孩子相比较,从而得出貌似客观的评价。

这时,为了掩饰自己学习上的落后,毕加索总是毫不费力地绘出才华横溢的图画,企图以此来躲避他所学不会的东西。然而,不论怎样，嘲讽来得更猛烈了，小毕加索脆弱的心灵蒙上了阴影，他变得不爱说话，成天蔫头耷脑。

关键时刻，是何塞给儿子注入了一针强心剂，他似乎固执地认为：天生儿子必有用。

为了抚慰儿子受伤的心灵，拉近父子之间的感情距离，何塞开始坚持每天都送儿子去上学，到了教室里，他把带来的画笔、用作模特的死鸽标本放在课桌上。既然儿子读书不行，就不要勉强，相反过分强迫儿子去学习文化，最终会把儿子的绘画天赋也扼杀了，何塞这样想。

有了父亲的支持，毕加索每天都沉浸在形象的天地里。课堂上，他对功课不闻不问，却对绘画有着过人的颖悟与表达，只有在挥毫作画之际，毕加索才能找到自己的快乐。

这段时期，何塞成了儿子强有力的心理依靠，似乎离了父亲，毕加索根本没有勇气去面对生活。以至每天上学，必须在得到父亲会来接他回家的承诺后，毕加索才会松开父亲那温暖的手。

作为坏学生，在学校关禁闭已成了毕加索的家常便饭。禁闭室里只有板凳和白色的墙壁，这样关禁闭便像过节一样使毕加索乐不可支。因为他可以带上一叠纸，在那儿没完没了地作画。直到傍晚，父亲在夜幕降临之前接他回家。何塞从来不会因此粗暴地责骂儿子，他知道儿子在坚持不懈地追求自己的艺术，儿子关禁闭时丝毫没有忘记绘画，有什么理由去斥责他呢？

毕加索在父亲的影响下，重新恢复了自信，终于渡过这段难熬的时期。作为父亲，何塞坚信自己的儿子能成功，他果然得到了最好成绩的回报。

大卫·洪贝克督学曾经指出，当大人对孩子产生信心时，将有两件事情会产生。第一，大人本身会变得更为乐观，因此当他和孩子沟通时，其言语及行动都更为正面；第二，大人这样的态度让孩子在学习上更加勇敢、更加热诚。洪贝克说：只要校方相信"每个孩子都会成功"，那么学校本身也会办得更成功。

这种信心就是你需要的，如此你才能带给孩子最好的。具体地说就是："我永不放弃孩子。"这是成功父母最重要也最优先的秘诀。

如此，父母的信心就展现出一种可为的态度，这样的态度推动你去做，让你知道有些事一定可以办到。你会知道你的孩子做得还不错，而且你也是不错的父母。

你的孩子值得你对他有信心。你对孩子的信心，将会引起孩子相同的回应。当你做了某些新的努力时，你最后可能在中间过程中与孩子达成共识。只要孩子认为它们是真的，孩子会很自然地依赖你、相信你，并且尽一切可能来取悦你。但是同时，他们也会想到拥有健康、快乐及独立的生活。这些都是值得肯定的。

"我永不放弃孩子！"这句话意味着，不管孩子表现得如何，你都相信孩子是优秀的，心地纯良，努力做好，真实面对自己。

震惊世界的中国女孩——周婷婷

这是一个令人惊奇的故事,从小双耳全聋的周婷婷在父亲的教育下16岁成为大学生,并被美国加德特大学录取为研究生——第一个中国聋人研究生。

1980年6月27日,南京一个普通工人周弘的世界被彻底改变了,因为他有了一个不普通的女儿——一个双耳全聋的女儿。全聋在全世界都是康复禁区,唯一的出路是上聋哑学校。婷婷像别的聋童一样自卑,来客人时像小动物一样躲在桌子底下。从小直到哭昏过去,大人们都无法知道她要干什么。

周弘绝望了。

彻底改变周弘的是电视剧《血疑》。大岛茂为了有1%生存可能的女儿幸子,付出了无尽的父爱,而自己的女儿不过是耳聋。生命是脆弱的也是美丽的。他决心一定要为女儿打开有声世界的门。

一开始周弘走的是"治聋"的路子,边给孩子治疗,边读教育学方面的书籍。婷婷的耳朵挨了5万多针,结果没有一点起色。于是周弘开始治哑。一次背着3岁的婷婷,一路指着路灯不停地向婷婷耳朵大喊:"灯——"见一个喊一个,喊了500声,喊了40分钟的周弘都快要疯了,婷婷却始终不明白。为了发准"哥"这个音,婷婷学了3年。

语言是思想的基础,既然女儿听不见,聋人的视觉特别好,于是周弘开始教女儿文字学习。除了上班,周弘将所有的时间都放到了婷婷的教育上。

周弘发明了母语玩字法,他把女儿说的每一句话写在墙上、地上、桌子上、身上、手上。看见星星就写星星,看见孩子哭就写哭,每次到大自然中玩,父女俩都玩得满身是字回来,他从不问孩子认了多少字,语言却进入孩子的潜意识。

正是因为聋儿反而更依赖文字,婷婷靠着这根绳索终于来到了光明的有声世界,也开发了心智。在普通的小学,婷婷连跳两级。

根据口型发音的婷婷说话有些古怪,她担心地问爸爸:"我的声音好听吗?"周弘笑了:"你的声音好像一串串珍珠,棒极了。"

周弘将美国天才儿童行为表贴在台板上,当婷婷读书忘记吃饭时,周弘就欣喜地将她拉到台板前:"孩子,你看,你符合天才儿童的第一条,读书废寝忘食,孩子,你不是天才谁是天才?"

当8岁的婷婷背出圆周率1000位时,周弘说:"你就是天才,这就是证明。"

当婷婷有一次数学不及格时,周弘笑着说:"太好了,你不是要当海燕吗,现在暴风雨来了。"

每篇作文,周弘都用红笔将好句子画出来让婷婷高声朗读,让全家热烈鼓掌,周婷婷高兴得梦中都想好句子。

婷婷的智商是105,远低于所谓天才儿童的130,但周弘告诉婷婷："智商只能测记忆力，无法测悟性、灵感，而你正是这方面的天才。"

在父亲的培养下，周婷婷创造了一个又一个奇迹。

婷婷在6岁就认识了2000多个汉字，进普通小学，并跳了两级；8岁背诵了圆周率小数点后1000位，打破了当时吉尼斯世界纪录；曾被评为全国十佳少先队员、全国残疾人自强模范；16岁成了中国第一位聋人少年大学生，20岁被美国加劳德特大学录取为研究生——第一个中国聋人研究生；在人民大会堂7000人的表彰会上做了精彩的发言，引起轰动。

周弘的教育取得成功后，许多人称婷婷"神童""超常"，而周弘则清醒地知道女儿只是个普通的孩子，在他看来，只要教育得法，所有的孩子都能达到或超过婷婷总体发展水平。他认为不是超常的孩子超出正常的发展，而是正常的孩子因为种种的压抑没有达到应有的高度。

从生命科学的角度看，每一个孩子都拥有巨大的潜能，但孩子诞生时都很弱小，生活在一个巨人的世界里，他们在生命成长过程中，都难免有自卑情绪。

心理学相信每个儿童都有一定的潜能，关键是能否发现、发挥这种潜能。大多数孩子并不是在小学五六年级才落后，而是一入学就掉队了，以后一直就不能有成功的感觉。他们的潜能始终没有能够得到发挥，不仅没有发挥，由于处于落后的地位，还经常被家长和老师所否定，自尊心受到伤害，个性长期被压抑了。

德国的心理学家阿德勒说他在念书时，认为自己完全缺乏数学才能，毫无学习数学的兴趣，因此考试经常不及格。后来偶尔发生的一件事，让他的潜能迸发出来了。他出乎意料地解出了一道连老师也不会做的数学难题，这次成功改变了他对数学的态度，找到了"数学天才"的感觉，结果他成了学校里的数学尖子。

尚未发现任何方式，能够比关怀和常识更能迅速刺激孩子的想象力、创造力和智慧。

如果孩子们无法体验胜任感，也就无法体验成功。所以，西方一位教育学家指出："其实所有的孩子生来就是天才，但我们却在他们生命最初的6年磨灭了他们的天资。"为了发现、发挥儿童的潜能，家长应该认识到孩子的潜能，然后去培养他们。

孩子的潜能需要星星之火来点燃。

常识教育的奥秘就是让孩子觉醒，推掉压在无形生命上自卑的巨石，于是孩子的潜能像火山一样爆发了，排山倒海，势不可挡。所有的学习障碍在孩子巨大的潜能面前，都显得如此微不足道。